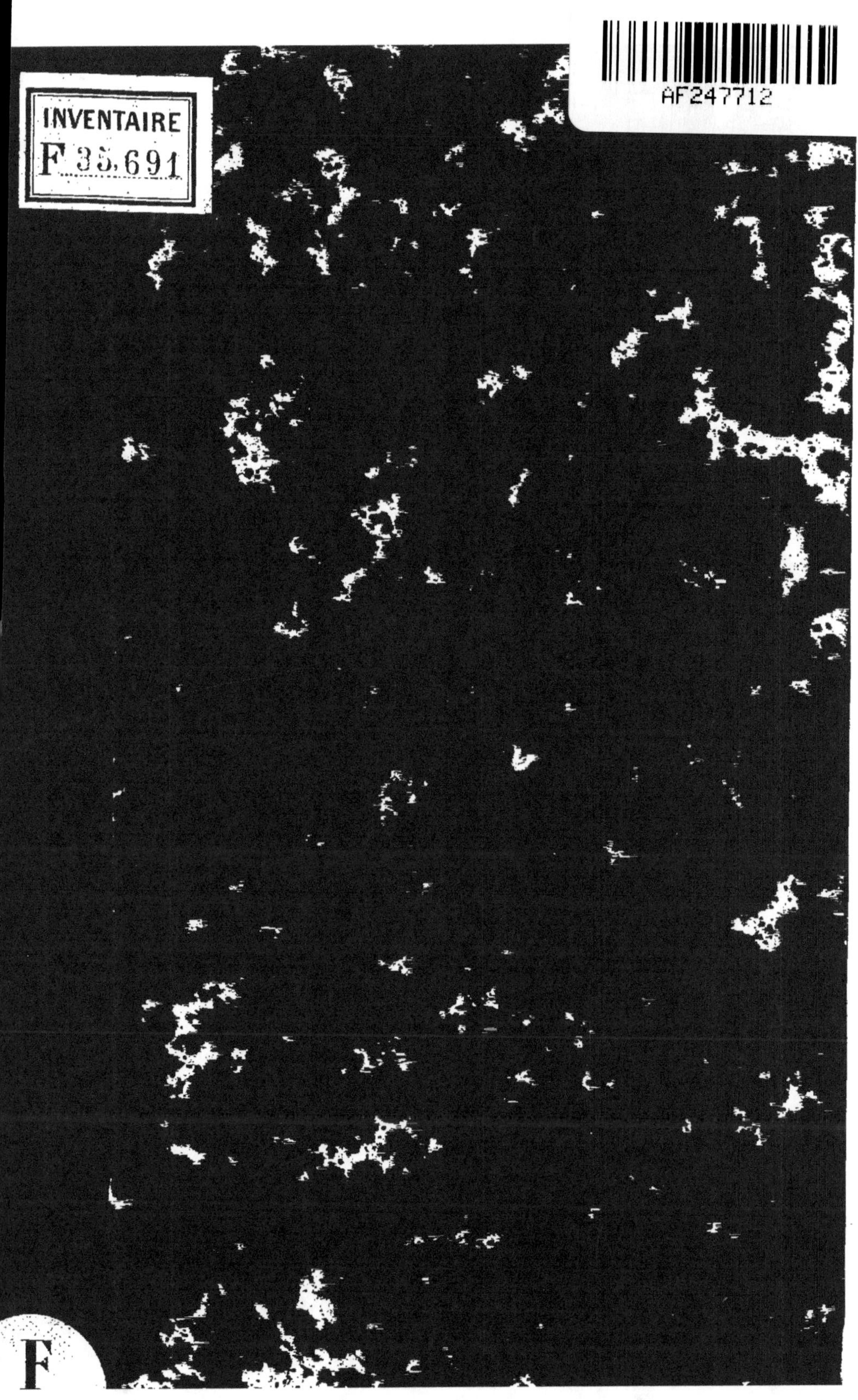

TEXTE DES LOIS

SUR LES

JUSTICES DE PAIX

ET LES

TRIBUNAUX CIVILS DE Ire INSTANCE.

TEXTE DES LOIS

SUR LES

JUSTICES DE PAIX,

LES

TRIBUNAUX CIVILS DE Ire INSTANCE,

SUR LES

VICES RÉDHIBITOIRES,

Dans les Ventes et Echanges d'animaux domestiques,

ET SUR LES

CHEMINS VICINAUX,

SUIVI

Des Tableaux sur les Retenues des Rentes, depuis le Ier. octobre 1756 jusqu'au Ier. vendémiaire an IX;

DU TABLEAU DU COURS DES ASSIGNATS, DEPUIS 1791, DATE DE LEUR ÉMISSION;

DU TABLEAU COMPARATIF DES ANCIENS POIDS ET MESURES AVEC LES NOUVEAUX, DANS LE DÉPARTEMENT DE L'AVEYRON, AVEC UNE MÉTHODE FACILE D'OPÉRER SOI—MÊME.

ET DU TABLEAU COMPARATIF DE LA LIVRE AU SOU TOURNOIS AU FRANC ET AU CENTIME.

vol. grand in-8°,

Avec un espace suffisant pour annoter à la main et à chaque ART. la Jurisprudence qui sera publiée dans le *Bulletin d'Espalion*, sur chacun desdits articles:

Par M. Glandières,

Secrétaire du Conseil de discipline de l'ordre des Avocats à Espalion,

Suppléant du Juge de Paix et Adjoint au maire.

ESPALION,

Impr. de Conintaure-Arthaud.

1839.

AVERTISSEMENT.

Les lois promulguées en 1838, sur les justices de paix, les tribunaux civils de première instance et sur les vices rédhibitoires, dans les ventes et échanges d'animaux domestiques, qui ont apporté un changement notable dans l'ordre des juridictions, étant de la plus grande importance, ainsi que celles promulguées en 1836, sur les chemins vicinaux, et en 1837, sur les poids et mesures, j'avais senti la nécessité de les réunir en un fort cahier manuscrit, pour les annoter au fur et à mesure qu'il paraîtrait quelque décision judiciaire relative à leurs divers articles. Ce travail était fait pour moi seul.

Ma compilation n'avait pas été destinée à l'impression, c'est l'établissement tout nouveau d'une imprimerie dans la ville d'Espalion qui seul a pu en faire naître l'idée à mes collègues, qui m'ont déterminé à la faire imprimer, comme étant, m'ont-ils dit, indispensable non seulement à tous les magistrats, avocats, notaires, avoués, greffiers, huissiers, géomètres et négocians, mais encore à un grand nombre de citoyens, qui sont parfois dans la nécessité d'aller défendre eux-mêmes leurs droits devant des tribunaux d'exception, où il ne se trouve point de défenseurs reconnus par la loi. Ce sont ces considérations qui m'ont déterminé à publier cet opuscule, qui grossira par la suite, et que chacun de ceux qui l'auront en leur possession pourra augmenter au moyen des notes qu'on puisera dans le *Bulletin d'Espalion* (1).

GLANDIÈRES.

---

(1) M. Goninfaure, imprimeur, fait paraître, le vendredi de chaque semaine, le *Bulletin d'Espalion*. Prix de l'abonnement : 6 fr. par an, pour la ville, et 7 fr. pour les départemens. Dans un des articles de ce *Bulletin*, intitulé *Jurisprudenee*, on y trouvera rapportés les arrêts et jugemens relatifs aux lois contenues en l'ouvrage de M. Glandières, au moyen de quoi on pourra annoter ledit ouvrage et se tenir par-là au courant de la jurisprudence sur la matière.

OBSERVATIONS GÉNÉRALES,

SERVANT D'INTRODUCTION.

Les lois des 11 avril et 25 mai 1838, sur les tribunaux de 1re instance et sur les justices de paix, étant des lois attributives de compétence, nous devons dire un mot sur la compétence.

1° La compétence d'un tribunal est le droit qu'il a d'exercer sa juridiction à l'égard de certaines affaires ou de certaines personnes.

2° Le mot compétence, dans son sens primitif, ne signifie rien autre chose que l'acte de rendre la justice, *de dire droit.*

3° Enfin, la compétence des juges est réglée, 1° en raison de la nature des affaires attribuées par la loi à certaines classes des tribunaux, et elle est plus ou moins étendue, suivant qu'ils ont droit d'en connaître, en premier ou en dernier ressort; et 2° en raison de l'extension que les parties ou l'une d'elles peuvent donner à la juridiction. Nous devons dire aussi un mot sur les actions.

On définit les actions, le droit de poursuivre en justice ce qui nous est dû.

Les actions se partagent en deux classes, *actions personnelles, actions réelles.*

On appelle actions *mixtes* celles qui tiennent en même temps de l'une et de l'autre classe.

Toute action dirigée contre la personne, *in personam*, est personnelle.

Toute action dirigée contre la chose, *in rem*, est réelle.

Les actions personnelles sont de deux sortes, *personnelles pures* ou *mixtes*.

Les premières, nées d'une convention ou d'un fait, sont celles par lesquelles nous agissons contre quelqu'un pour le forcer à exécuter les engagemens qu'il a pris avec nous, ou pour obtenir de lui la réparation d'un dommage qu'il nous a causé.

Les actions mixtes sont dirigées tout à la fois contre la personne et contre la chose. Une action est dirigée contre la personne et contre la chose, lorsque, par le même exploit, je demande que mon débiteur soit tenu de me payer la somme qu'il me doit, et que tel immeuble qui lui appartient soit déclaré hypothéqué au payement de cette créance.

EXTRAIT DU DÉCRET

Du 16-24 Août 1790,

SUR L'ORGANISATION JUDICIAIRE.

TITRE III DES JUGES DE PAIX.

Art. 1er. Il y aura dans chaque canton un juge de paix et des prud'hommes, assesseurs du juge de paix (*a*).

Art. 9. Le juge de paix, assisté de deux assesseurs, connaîtra avec eux de toutes les causes purement personnelles et mobilières, sans appel jusqu'à la valeur de 5o livres, et à charge d'appel, jusqu'à la valeur de 1oo livres (*b*); en ce dernier cas, ses jugemens seront exécutoires par provision, nonobstant l'appel et en donnant caution. Les législatures pourront élever le taux de cette compétence.

Art. 1o Il connaîtra de même sans appel jusqu'à la valeur de 5o livres, et à charge d'appel, à quelque valeur que la demande puisse monter.

1° Des actions pour dommages faits, soit

par les hommes, soit par les animaux, aux champs, fruits et récoltes (c).

2° Du déplacement des bornes, des usurpations de terres, arbres, haies, fossés et autres clôtures commises dans l'année (d); des entreprises sur les cours d'eau (e), servant à l'arrosement des prés, et commises également dans l'année, et de toutes autres actions possessoires. (f).

3° Des réparations locatives (g) des maisons et fermes.

4° Des indemnités prétendues par le fermier ou locataire, pour non jouissance, lorsque le droit de l'indemnité ne sera pas contesté; et des dégradations alléguées par le propriétaire.

5° Du payement des salaires des gens de travail, des gages des domestiques et de l'exécution des engagemens respectifs des maîtres et de leurs domestiques, ou gens de travail (h).

6° Des actions pour injures verbales, rixes et voies de fait, pour lesquelles les parties ne se sont point pourvues par la voie criminelle (i).

ART. 11. Lorsqu'il y aura lieu à l'apposition des scellés, elle sera faite par le juge de paix, qui procédera aussi à leur reconnaissance et levée, mais sans qu'il puisse connaître des contestations qui pourront s'élever à l'occasion de cette reconnaissance.

Il recevra les délibérations de famille pour la nomination des tuteurs, des curateurs aux absens et aux enfans à naître, et pour l'émancipation et la curatelle des mineurs, et toutes celles auxquelles la personne et l'état ou les affaires des mineurs et des absens pourront donner lieu pendant la durée de la tutelle ou curatelle, à charge de renvoyer devant les juges de district la connaissance de tout ce qui deviendra contentieux dans le cours ou par suite des délibérations ci-dessus.

Il pourra recevoir dans tous les cas le serment des tuteurs et des curateurs (*j*).

ART. 12. L'appel des jugemens du juge de paix, lorsqu'ils seront sujets à l'appel, sera porté devant les juges du district et jugés par eux en dernier ressort, à l'audience et sommairement sur le simple exploit d'appel [*k*].

NOTICE DE LA JURISPRUDENCE, SOUS L'EMPIRE DE CETTE LOI.

(*a*) Les assesseurs ont été supprimés par la loi du 9 ventôse an IX; mais en cas de maladie, absence ou autre empêchement du juge de paix, ses fonctions sont exercées par l'un de ses deux suppléans. (Art. 3 de la même loi.)

(*b*) 1° La demande en payement d'arrérages d'une rente foncière, dont le titre n'est pas contesté, est purement personnelle et mobilière, et conséquemment de la compétence du juge de paix, jusqu'à concurrence. (Arrêt de la Cour de Cassation, du 13 octobre 1815. — *Sirey*, tom. 20, 1, 455.)

2° La demande de 27 fr. pour partie échue d'une obligation excédant 50 fr. peut etre jugée en dernier ressort, bien que le défendeur excipe de la nullité du titre contenant l'obligation. (Cour de Cassation, du 21 février 1814. — *Sirey*, tom. 14, 1, 265.)

3° On a long-temps agité la question de savoir si le juge de paix peut statuer en *dernier ressort*, toutes les fois que les dommages réclamés n'excèdent pas 50 fr., et quelle que soit d'ailleurs la possession réclamée? La jurisprudence semblait fixée pour l'affirmative par une longue suite d'arrêts de la Cour de Cassation, mais le système contraire a prévalu, par un arrêt rendu, en sections réunies, le 22 mai 1822 (*Sirey*, tom. 22, 1, 375), qui a décidé que la complainte possessoire dans laquelle on ne réclame que 50 fr. de dommages-intérêts ne peut être jugée en dernier ressort, lorsque la valeur de la possession réclamée, jointe aux dommages-intérêts, excède 50 fr., ou lorsque cette valeur est indéterminée.

(*c*) 1° Un arrêt de la Cour de Cassation, du 10 janvier 1810 (*Sirey*, tom. 10, 1, 197), a décidé que le juge de paix ne peut connaître de la demande en réparation des dégradations, formée par le propriétaire contre l'usufruitier.

2° Le divertissement, par le fermier, de paille et de foin, ainsi que l'ensemencement des terres sans fumier, constituent des dégradations dans le sens de cet art. 10. (Arrêt de la Cour de Cass. du 29 mars 1820. *Sirey*, tom. 20, 1, 326.)

(*d*) 1° Le délai d'un an court du jour même du trouble et non pas seulement du jour où le trouble est connu. Encore qu'il s'agisse d'un trouble de droit. (Arrêt de la Cour de Cass. du 12 octobre 1814. *Sirey*, tom. 15, 1, 124).

2° Le trouble causé à celui qui a la possession annale donne lieu à l'action en complainte, encore que l'auteur du trouble s'étaie d'un titre de propriété administratif. (Arrêt de la Cour de Cass. du 28 août 1810. *Sirey*, tom. 14, 1, 60).

(*e*) Il y a lieu à complainte possessoire pour trouble causé à la possession de ceux qui ont obtenu des prises d'eau sur une rivière navigable : peu importe que la concession émane de l'autorité administrative. (Décret du 10 septembre 1808. *Sirey*, tom. 17, 2, 26.)

(*f*) 1° Lorsque devant le juge de paix saisi d'une action possessoire, il s'élève un litige sur la propriété, cette circonstance n'empêche pas le juge de paix de connaître de l'affaire, en se bornant toutefois à statuer sur le possessoire. (Arrêts de la Cour de Cass. des 23 février 1815 et 10 juin 1816; *Sirey*, tom. 14, 1, 199, et tom. 17, 1, 51).

2° Lorsqu'un propriétaire demande à être maintenu dans l'exercice d'un droit de pâturage exclusif sur son propre terrain, l'action est de sa nature possessoire, plus que pétitoire; elle est de la compétence du juge de paix. (Arrêt de la Cour de Cass. du 19 vendémiaire an XI; *Sirey*, tom. 20, 1, 456).

3° Le juge de paix peut, en statuant sur une action possessoire, ordonner que des bornes seront placées pour déterminer la ligne séparative des héritages. Ce n'est pas là statuer au pétitoire. (Arrêt de la Cour de Cass. du 27 avril 1814; *Sirey*, tom. 14, 1, 294).

4° Un cours d'eau est susceptible d'une possession servant de base à une action possessoire. (Arrêts de la Cour de Cass. des 16 juin 1810, 24 février 1808, 1er mars 1815; *Sirey*, tom. 11, 1, 164; tom. 8, 1, 493; tom. 15, 1, 120).

5° Le possesseur d'une servitude discontinue (impres-- criptible) est recevable à intenter l'action possessoire, s'il se prévaut à la fois de la possession annale et d'un titre qui lui sert de fondement. — Apprécier le titre du complaignant et son application , pour décider si la possession est précaire , ou à titre de propriétaire , ce n'est pas toucher au pétitoire. (Arrêts de la Cour de Cass. des 24 juillet 1810, 6 juillet 1812, 2 mars 1820, 21 décembre 1820; *Sirey*, tom. 10, 1, 354; tom. 13, 1, 81; tom. 20, 1, 243, 273 et 324; tom. 21, 1, 135.)

6° Celui qui, troublé dans sa possession, se pourvoit au pétitoire, peut se pourvoir au possesoire, à raison d'un nouveau trouble survenu durant le procès. (Arrêt de Cass. du 7 août 1817; *Sirey*, tom. 18, 1, 400.)

7° Celui qui est troublé dans sa possession a le droit de se pourvoir au possessoire, bien que l'auteur du trouble ait déjà formé une demande au pétitoire. Ce n'est pas là cumuler le pétitoire et le possessoire. (Cour de Cass. du 8 avril 1823; *Sirey*, tom. 23, 1, 305.)

8° Le fermier n'a pas qualité pour intenter en son nom une action possessoire. (Arrêt de la Cour de Cass. du 7 septem. 1838; *Sirey*, tom. 8, 1, 555.) Mais l'action intentée par le fermier peut être régularisée par l'in- tervention du propriétaire. (Arrêt de Cass. du 8 juillet 1819; *Sirey*, tom. 20, 1, 165.)

9° Le possesseur à titre *d'antichrèse* a qualité pour intenter une action possessoire. (Cass. du 16 mai 1820; *Sirey*, tom. 20, 1, 430.) Il en est de même de l'emphy- téote. (Cass. du 26 juin 1822; *Sirey*, tom. 22, 1, 362.)

10° Le juge de paix saisi de l'action en reintégrande peut connaître de l'action en garantie contre celui qui à occasionné la voie de fait. (Cass. du 11 janvier 1809; *Sirey*, tom. 9, 1, 95.)

11° Le nu-propriétaire, qui a possédé depuis l'extinc- tion de l'usufruit, ne peut réunir à la possession celle de l'usufruitier, pour compléter sa possession annale. (Cass. du 6 mars 1822; *Sirey*, tom. 22, 1, 298.)

(*g*) C'est-à-dire, celles qui sont *locatives* de droit et

non celles qui, plus considérables que les locatives, sont mises à la charge du fermier par le bail. (Cass. du 13 juillet 1807; *Sirey*, tom. 7, 2, 1009.)

(*h*) Par ces mots, *gens de travail*, on ne doit entendre que les *terrassiers*, les *moissonneurs*, les *vendangeurs*, les *faucheurs*, et en général tous les journaliers; c'est-à-dire, ceux dont l'engagement peut commencer et finir dans la journée. (*Vide Répertoire*, tom. 4, page 598 et suiv.)

(*i*) 1° Il y a injure dans l'imputation verbale de sortilége. (Cass. du 17 mars 1811; *Sirey*, tom. 11, 1, 203.)

2° Il n'y a pas injure verbale de la part d'un officier public, dans les éclaircissemens et recherches qu'il est obligé de prendre. (Cass. du 29 germinal an IX; *Sirey*, tom. 1, 1, 428.)

3° Il n'y a pas injure verbale de la part d'un maître qui émet, de bonne foi, le soupçon que son domestique l'a volé. (Cass. 30 janvier 1807; *Sirey*, tom. 8, 1, 325.)

4° Il n'y a pas injure verbale, dans les imputations de fait du vol ou de violence, pour lesquels il y avait antérieurement plainte, tant qu'il n'est pas jugé qu'il n'y a ni vol ni violence. (Cass. du 6 février 1807; *Sirey*, tom. 8, 1, 326.)

5° Il n'y a pas non plus injure verbale dans l'allégation qu'un individu a la gale ou la teigne. (Cass. du 15 janvier 1808; *Sirey*, tom. 9, 1, 162.)

Nota. Voyez *infrá* aux notes sur l'art. 5 de la loi du 25 mai 1838, la définition de la diffamation et de l'injure publiques, d'après l'art. 13 de la loi du 17 mai 1819.

(*j*) *Vide* Code civil, art. 406 et suivans, et Cod. proced. civ., art. 907 et suivans.

(*k*) L'exception d'incompétence rend les jugemens des juges de paix sujets à l'appel, lors même qu'il eut pu d'ailleurs être statué en dernier ressort. (Cass. du 16 juin 1810; *Sirey*, tom. 11, 1, 164. Cass. du 22 avril 1811; *Sirey*, tom. 11, 1, 162.)

LOI
SUR LES JUSTICES DE PAIX,
DU 25 MAI 1838

Exécutoire, dans le département de l'Aveyron, depuis le 14 juin 1838.

ARTICLE Ier

« Les juges de paix connaissent de toutes
» actions purement personnelles ou mobi-
» lières, *en dernier ressort*, jusqu'à la valeur
» de *cent francs*, et à charge d'appel, jusqu'à
» la valeur de deux cents francs. »

OBSERVATIONS.

Les termes de l'art. 1er de la présente loi sont les mêmes que ceux de l'art. 9 du tit. 3 de la loi du 24 août 1790. Les articles de ces deux lois ne diffèrent que sur les valeurs fixant le dernier et le premier ressort.

Les justices de paix restent toujours dans la classe des juridictions extraordinaires; elles sont des tribunaux d'exception et ne peuvent, en aucun cas, connaître de l'exécution de leurs jugemens.

Dans le temps, Me Locré émit une opinion contraire, en rappelant que lors de la discussion du Code de procédure civile, le Tribunat avait proposé une dispo-

sition portant que : « Les juges de paix ne connaîtraient
» point de l'exécution de leurs jugemens, même entre
» les mêmes parties »; et que cette proposition fut reje-
tée; mais elle le fut, comme nous l'apprend Favard de
l'Anglade, comme consacrant un principe incontestable.

Quant au point de savoir si la sentence est en dernier
ressort ou sujette à l'appel, c'est à l'exploit originaire
qu'il faut en référer et examiner les conclusions que le
demandeur y a prises.

Art. 2.

« Les juges de paix prononcent, sans ap-
» pel, jusqu'à la valeur de cent francs, et à
» charge d'appel, jusqu'au taux de la compé-
» tence en dernier ressort des tribunaux de
» première instance [a] ; sur les contestations
» entre les hôteliers, aubergistes ou logeurs et
» les voyageurs ou locataires en garni, pour
» dépense d'hôtellerie et perte d'effets déposés
» dans l'auberge ou dans l'hôtel [b] ; entre
» les voyageurs et les voituriers ou bateliers,
» pour retards, frais de route et perte ou
» avarie d'effets accompagnant les voyageurs;
» entre les voyageurs et les carrossiers ou
» autres ouvriers, pour fournitures, salaires
» et réparations faites aux voitures de voya-
» ge [c]. »

(a) Art. 1er de la loi du 11 avril 1839, sur les tribunaux civils de 1re instance.

« Les tribunaux civils de 1re instance connaîtront en
» dernier ressort des actions personnelles et mobilières
» jusqu'à la valeur de 1,500 fr. de principal, etc., etc. »

(b) Titre XI du livre 3 du Code Civil, du dépôt et
du séquestre.

Art. 1952. « Les aubergistes ou hôteliers sont respon-
» sables, comme dépositaires, des effets apportés par
» les voyageurs qui logent chez eux. Le dépôt de ces
» sortes d'effets doit être regardé comme dépôt néces-
» saire. »

Art. 1953. « Ils sont responsables du vol ou du dom-
» mage des effets du voyageur, soit que le vol ait été,

» ou que le dommage ait été causé par les domestiques
» ou préposés de l'hôtellerie, ou par des étrangers allant
» ou venant dans l'hôtellerie. »

Art. 1950. « La preuve par témoins peut être reçue,
» pour le dépôt nécessaire, même quand il s'agit d'une
» valeur au-dessus de 150 fr. »

Art. 1954. « Ils ne sont pas (les aubergistes ou hôte-
» liers) responsables des vols faits avec force armée ou
» autre force majeure. »

Art. 1948. « Le dépositaire peut retenir le dépôt,
» jusqu'à l'entier payement de ce qui lui est dû, à rai-
» son du dépôt. » *Merlin*, dans la dernière édition de
1827, tom. 7, page 504, vº hôtellerie, dit : « Observez que
» l'hôtelier ne doit pas retenir l'habillement du voya-
» geur, pour la dépense que celui-ci a faite; c'est l'avis
» de *Tronçon* et de *Lemaître*. Il y a d'ailleurs arrêt
» du 18 mars 1595, qui a condamné un hôtelier à
» aumôner aux prisonniers de la conciergerie du palais,
» une somme de dix écus, parce qu'il avait retenu les
» habits d'un voyageur qui était ensuite mort de froid
» (*Vid. Guyot.*)

(*c*) Tit. 8 du liv. 3 du Code Civil, art. 1782.

» Les voituriers par terre ou par eau sont assujettis,
» pour la garde et la conservation de choses qui leur
» sont confiées, aux mêmes obligations que les auber-
» gistes, dont il est parlé au titre du dépôt et du séquestre. »

Art. 1783. « Ils répondent non seulement de ce qu'ils
» ont déjà reçu dans leur bâtiment ou voiture, mais en-
» core de ce qui leur a été remis sur le port, ou dans
» l'entrepôt, pour être placé dans leur bâtiment ou voi-
» ture. »

Art. 1784. « Ils sont responsables de la perte et des
» avaries des choses qui leur sont confiées, à moins
» qu'ils ne prouvent qu'elles ont été perdues et avariées
par un cas fortuit ou force majeure. »

Extrait du Journal *le Juge de Paix*, tom. 9, 6º livraison, page 183; arrêt de la Cour Royale de Paris, du

14 mai 1839, qui décide : « Que l'aubergiste est respon-
» sable du vol commis sur une voiture de roulage lais-
» sée sur la voie publique, faute de place dans la cour
» de l'auberge. »

La Cour Royale de Lyon, par son arrêt du 15 mai
1839, rapporté dans *Tajan*, tom. 39, page 46, a décidé,
1° « Que le voiturier est garant de la perte des objet:
» dont il s'est chargé d'effectuer le transport, même dans
» le cas où le propriétaire des effets les a accompagnés
» et a traité en même temps du transport de sa per—
« sonne. »

« 2° Qu'il n'importe pas qu'il s'agisse d'une voiture
» particulière, indépendante de tout service public et
» ordinaire, qui même ne serait pas la propriété du
» voiturier, qu'il suffit seulement qu'il y ait eu contrat
» de louage régulier, pour que le voiturier soit soumis
» à toutes les obligations des art. 1782 1302, 1784 et
» 1954 du Code civil, et 103 du Code de commerce. »

Art. 3.

« Les juges de paix connaissent sans ap-
» pel jusqu'à la valeur de cent francs, et à
» charge d'appel, à quelque valeur que la
» demande puisse s'élever, des actions en
» payement des loyers ou fermages; des
» congés [a]; des demandes en résiliation
» des baux fondées sur le seul défaut de paye-
» ment des loyers ou fermages, des expul-
» sions des lieux et des demandes en validité
» de saisie-gagerie [b]; le tout, lorsque les
» locations verbales ou par écrit n'excèdent
» pas annuellement, à Paris, quatre cents
» francs, et deux cents francs partout ailleurs.
» Si le prix principal du bail consiste en
» denrées ou en prestations en nature, ap-
» préciables d'après les mercuriales, l'éva-
» luation sera faite sur celles du jour de
» l'échéance, lorsqu'il s'agira du payement
» des fermages. Dans tous les autres cas
» elle aura lieu suivant les mercuriales du
» mois qui aura précédé la demande. Si le
» prix principal du bail consiste en presta-
» tions non appréciables d'après les mercu-
» riales, ou s'il s'agit des baux à colons
» partiaires [c], le juge de paix déterminera
» la compétence, en prenant pour base du
» revenu de la propriété le principal de la

» contribution foncière de l'année courante,
» multiplié par cinq. »

(*a*) En fait de louage, on entend par congé l'acte par
lequel l'une des parties fait connaître à l'autre que le
bail doit cesser d'avoir son exécution à telle époque.

Code Civil, art. 1736. « Si le bail a été fait sans écrit,
» l'une des parties ne pourra donner congé à l'autre
» qu'en observant les délais fixés par l'usage des
» lieux. »

Comment peut-on aujourd'hui prouver un point de
coutume ou d'usage?

Par un acte de notoriété. On appelle ainsi : 1° l'acte
par lequel un officier public reçoit la déclaration des
personnes qui attestent la vérité d'un fait; 2° l'acte par
lequel des magistrats attestent un usage ou un point de
jurisprudence sur lequel ils sont consultés.

Lorsque les actes de notoriété, dit Favard de l'Anglade, en son *Répertoire*, ont pour objet de constater
quelque point particulier de l'ancienne jurisprudence,
quelque forme de l'ancienne procédure, l'existence
d'un usage établi, dans les cas où, comme dans les art.
593, 643, 671, 674, 1648, 1736 et 1737 du Code civil,
par exemple, la loi prescrit de se conformer à l'usage,
ils doivent être délivrés par les magistrats des lieux où
cette jurisprudence, cet usage, cette forme de procédure sont établis. (*Vide Rodier*, ordonnance de 1667,
titre 13, article 1er, question 4e; *Tajan*, tom. 29,
pag. 100.

(*b*) Les juges de paix n'ont à prononcer la résolution
des baux que dans le cas de non payement des loyers,
sans avoir à s'immiscer dans l'appréciation des condi-
tions du contrat de louage. Quant au droit d'autoriser sur
saisies-gageries, c'est une conséquence de celui de prononcer sur le payement du loyer et sur les expulsions
des lieux. (*Extrait du Consultant, Journal du Droit*

usuel.) Qant à la saisie-gagerie, *vide* art. 10 de la présente loi et les notes.

(*c*) *Colon partiaire*. C'est celui qui prend à ferme un héritage, à la charge d'en partager les fruits avec le propriétaire, d'après le mode et la qualité fixés par la convention.

Art. 4.

« Les juges de paix connaissent, sans
» appel, jusqu'à la valeur de cent francs,
» et à la charge d'appel, jusqu'au taux de
» la compétence en dernier ressort des tribu-
» naux de première instance [a], 1° des in-
» demnités réclamées par le locataire ou fer-
» mier pour non jouissance provenant du
» fait du propriétaire, lorsque le droit à une
» indemnité n'est point contesté; 2° des dé-
» gradations et pertes, dans les cas prévus
» par les art. 1732 et 1735 du Code civil (b).

» Néanmoins, le juge de paix ne connaît
» des pertes causées par incendie ou inon-
» dation, que dans les limites posées par
» l'art. 1er de la présente loi (c). »

(a) Art. 1er de la loi du 11 avril 1839. Le dernier
ressort est fixé à 15,000 fr. de principal, pour les actions
personnelles et mobilières, et à 60 fr. de revenu, pour
les actions immobilières.

(b) Art. 1732 du Cod. civ. « Il répond (le preneur) des
» dégradations ou des pertes qui arrivent pendant sa
» jouissance, à moins qu'il ne prouve qu'elles ont eu
» lieu sans sa faute. (*Vide Pothier*, *du Louage*, nos 195
» et 197, et *Delvincourt*, tom. 3, page 99.) »

Art. 1735. « Le preneur est tenu des dégradations et
» des pertes qui arrivent par le fait des personnes de sa
» maison ou de ses sous-locataires. (*Vide Pothier*, *du
» Louage*, nos 193 et 194.) »

(c) On a excepté les dégradations causées par incendie ou inondation. Dans ce cas, le taux du dernier ressort est de 100 fr., et celui du premier ressort, de 200 fr.

ART. 5.

Les juges de paix connaissent également, sans appel, jusqu'à la valeur de cent francs, et, à charge d'appel, à quelque valeur que la demande puisse s'élever, 1° des actions pour dommages faits aux champs, fruits et récoltes, soit par l'homme, soit par les animaux, et celles relatives à l'élagage des arbres (*a*) ou haies, et au curage, soit des fossés, soit des canaux servant à l'irrigation des propriétés, ou au mouvement des usines, lorsque les droits de propriété ou de servitude ne sont pas contestés (*b*); 2° des réparations locatives des maisons ou fermes, mises par la loi à la charge du locataire (*c*); 3° des contestations relatives aux engagemens respectifs des gens de travail au jour, au mois et à l'année, et de ceux qui les emploient; des maîtres et des domestiques ou gens de service à gages (*d*); des maîtres et de leurs ouvriers ou apprentis, sans néanmoins qu'il soit dérogé aux lois et règlemens relatifs à la juridiction des prud'hommes (*e*); 4° des contestations relatives au payement des nourrices, sauf ce qui est prescrit par les lois et règlemens d'administration publique à l'égard des bureaux de nourrices de la ville de Paris et de toutes les autres villes (*f*);

5.° des actions civiles pour diffamation verbale et pour injures publiques ou non publiques, verbales ou par écrit, autrement que par la voie de la presse; des mêmes actions pour rixes ou voies de fait; le tout lorsque les parties ne se sont pas pourvues par la voie criminelle (*g*).

(*a*) § 2 de l'art. 672 du Code civil. « Celui sur la pro-
» priété duquel avancent les branches des arbres du
» voisin peut contraindre celui-ci à couper ces bran-
» ches. »
Arrêt de la Cour de Cassation du 31 décembre 1810; *Sirey*, tom. 11, 1, 81, qui décide que l'art. 672 du Cod. Napoléon, qui permet à tout propriétaire de requérir l'ébranchement des arbres portant sur son fonds, a effet, nonobstant tous anciens règlemens et usages contraires. Ces usages et règlemens ne sont pas de ceux que concerne l'art. 671 du Code Napoléon.

(*b*) L'art. 5 de la présente loi, qui reproduit plusieurs dispositions de l'art. 9, tit 3 de la loi du 24 août 1790, présente une addition fort importante, en ce qui concerne le curage des fossés et canaux servant à l'irrigation des prairies et au mouvement des usines.

(*c*) Art. 1754 du Code civil. « Les réparations locati-
» ves ou du menu entretien dont le locataire est tenu,
» s'il n'y a clause contraire, sont celles désignées comme
» telles par l'usage des lieux (*Voyez, pour constater*
» *l'usage des lieux, ce que nous avons dit à l'art 3 de*
» *la présente loi.*) et, entre autres, les réparations à
» faire.

» Aux âtres, contre-cœurs, chambranles et tablettes
» de cheminées ;

« Au récrépiment du bas des murailles des appar-
» temens et autres lieux d'habitation, à la hauteur d'un
» mètre;

» Aux pavés et carreaux des chambres, lorsqu'il y en
» a seulement quelques-uns de cassés;

» Aux vitres, à moins qu'elles ne soient cassées par
» la grêle ou autres accidens extraordinaires et de
» force majeure, dont le locataire ne peut être tenu;

« Aux portes, croisées, planches de cloison ou de
» fermeture de boutiques, gonds, targettes et serrures. »

(*d*) Arrêt de la Cour de Cassation du 22 frimaire an
» vi; *Sirey*, tom. 1er, 2e partie, page 639, qui a décidé
que : « Lorsque les engagemens du maître vis-à-vis du
» domestique n'ont point de rapport à l'état de domes-
» ticité, le juge de paix est imcompétent, si le mon-
» tant de ces engagemens s'élève au-delà de la somme
» déterminant sa compétence ordinaire. »

(*e*) On lit dans *Favard de l'Anglade*, v° Conseil des
prud'hommes, les noms des villes manufacturières où
il a été établi une pareille juridiction.

La juridiction des prud'hommes, composée de négocians, fabriquans, des chefs d'ateliers et d'ouvriers,
est principalement instituée, 1° pour terminer par la
voie de conciliation les différens qui s'élèvent jour-
nellement, soit entre des fabricans et des ouvriers,
soit entre des chefs d'atelier et des compagnons ou
apprentis (art. 6 de la loi du 18 mars 1806); 2° pour
juger entre les mêmes personnes toutes les contestations,
quelles qu'en soit la valeur, qui n'ont pu être termi-
nées par les voies de la conciliation. (Art. 23 du décret
du 11 juin 1809).

(*f*) Les contestations relatives au payement des nourrices sont une addition à la compétence des juges de
paix. (*Vide* la loi de 1790, 24 août.)

(*g*) L'art. 13 de la loi du 17 mai 1819 a défini en ces
termes la diffamation et l'injure publique :

« Toute allégation ou imputation d'un fait qui porte
» atteinte à l'honneur ou à la considération de la per-
» sonne ou du corps auquel le fait est imputé, est une
» diffamation.

« Toute expression outrageante, terme de mépris ou

» invective, qui ne renferme l'imputation *d'aucun fait,*
» est une *injure.* »

Sur cette définition, *Favard,* v° injure, § 2, n° 23, fait
deux observations importantes, que nous allons trans-
crire.

Première observation. « Pour qu'il y ait délit de dif-
» famation ou d'injure, aux termes de cet article, il faut
» nécessairement qu'il y ait *publicité.* (Arrêt de la Cour
» de Cassation, section criminelle, du 2 décembre 1819.) »

Seconde observation. « Il ne suffit pas, pour être cou-
» pable d'injure publique, de s'être publiquement per-
» mis contre quelqu'un un terme de mépris, une expres-
» sion outrageante ou invective, il faut encore que
» l'injure renferme l'imputation d'un vice déterminé,
» comme *l'ivrognerie,* ou la *débauche,* etc., etc, cela
» résulte de l'art. 20 de ladite loi du 17 mai 1819. »

L'art 10, du tit. 3 de la loi du 24 août 1790, per-
mettait aussi, comme le permet encore aujourd'hui le
présent art. 5, aux juges de paix de connaître des
actions pour injures verbales, rixes et voies de fait,
pour lesquelles les parties ne s'étaient pas pourvues par
la voie criminelle.

Nous avons défini plus haut l'injure verbale, et quant
aux rixes et voies de fait, voici la définition qu'en donne
Favard, v° justice de paix, § 9.

« Les rixes et voies de fait dont la loi attribue au juge
» de paix la connaissance, lorsque la réparation en est
» poursuivie par la voie civile, sont des injures par
» gestes, et même des coups qui n'ont pas laissé des
» traces susceptibles d'être caractérisées de blessures.

» Si l'on prenait l'expression, *voie de fait,* dans toute
» l'étendue qu'elle comporte grammaticalement, on pour-
» rait y comprendre toute espèce de blessure, quelque
» grave qu'elle fut. Mais ce n'est pas le sens qu'y attache
» la loi. Elle l'emploie pour exprimer une injure légère,
» commise par voie de fait, et n'a pas voulu y compren-
» dre ces faits que la loi pénale qualifie de crimes. »

Art. 6.

« Les juges de paix connaissent, en outre,
» à charge d'appel : 1° des entreprises com-
» mises, dans l'année, sur les cours d'eau
» servant à l'irrigation des propriétés et au
» mouvement des usines et moulins, sans
» préjudice des attributions de l'autorité ad-
» ministrative, dans les cas déterminés par les
» lois et par les règlemens ; des dénonciations
» de nouvel œuvre, complaintes, actions en
» réintégrande et autres actions possessoires,
» fondées sur des faits également commis
» dans l'année [a];

» 2° Des actions en bornage [b], et de
» celles relatives à la distance prescrite par
» la loi, les règlemens particuliers et l'usage
» des lieux, pour les plantations d'arbres ou
» de haies lorsque la propriété ou les titres qui
» l'établissent ne sont point contestés [c];

» 3° Des actions relatives aux construc-
» tions et travaux énoncés dans l'art. 674 du
» Code civil [d], lorsque la propriété ou la
» mitoyenneté du mur ne sont point con-
» testés;

» 4° Des demandes en pension alimentaire
» n'excédant pas 150 fr. par an, et seulement
» lorsqu'elles seront formées en vertu des
» art. 205, 206 et 207 du Code civil [e]. »

[**25**]

(*a*) On appelle *actions possessoires*, celles que la loi
accorde aux possesseurs d'un immeuble, d'un droit réel
(et même suivant quelques auteurs, d'une universalité
de meubles), à l'effet d'être maintenus dans leur possession, lorsqu'ils y sont troublés par quelqu'un, ou à l'effet
d'y être rétablis, lorsqu'ils ont été dépossédés par violence.

On distingue trois sortes d'actions possessoires, la
complainte, la réintégrande et la dénonciation de nouvel œuvre.

La réintégrande tend à faire recouvrer la possession
dont on a été dépouillé par violence ou voie de fait;
et la complainte à se faire maintenir dans cette possession, en cas de trouble. Ce sont les deux interdits
recuperandœ et retinendœ possessionis, dont parlent les
lois romaines.

La dénonciation de nouvel œuvre est une espèce de
complainte que l'on intente contre celui qui a entrepris,
sur son propre terrain, un ouvrage d'où résulte ou doit
résulter un préjudice pour le plaignant.

Nota. Pour avoir une juste idée des actions possessoires, voir la dissertation de M. Bérail, juge au tribunal d'Espalion, insérée au 39ᵉ vol. de *Tajan*, 1ᵉʳ cahier.

(*b*) Art. 646 du Code civil. « Tout propriétaire peut
» obliger son voisin au bornage de leurs propriétés con-
» tigues. Le bornage se fait à frais communs.

(*c*) Art. 671 du Cod. civ. « Il n'est permis de planter
» des arbres de haute tige qu'à la distance prescrite
» par les règlemens particuliers, actuellement existans,
» ou par les usages constans et reconnus, et à défaut de
» règlemens et usages, qu'à la distance de deux mètres
» de la ligne séparative des deux héritages, pour les
» arbres à haute tige, et à la distance d'un demi-mètre,
» pour les autres arbres et haies vives. »

Un arrêt de la Cour de Cassation, du 29 mai 1832,
Sirey, tom. 32, 1, 323, a décidé: « Que le droit d'exiger
» l'abatage d'arbres plantés à une distance moindre de
» deux mètres de la ligne séparative des deux hérita-

»ges se prescrit par trente ans, à partir de la planta-
» tion des arbres.

(*d*) Art. 674 du Cod. civil. « Celui qui fait creuser
» un puits ou une fosse d'aisance près d'un mur mitoyen
» ou non,

» Celui qui veut y construire cheminée ou âtre, forge,
» four ou fourneau,

« Y adosser une étable, ou établir contre ce mur un
» magasin de sel, ou amas de matières corrosives,

« Est obligé à laisser la distance prescrite par les
» règlemens et usages particuliers sur ces objets, ou
» à faire les ouvrages prescrits par les mêmes règlemens
» et usages, pour éviter de nuire au voisin. »

(*e*) Code civil, Art. 205. « Les enfans doivent des ali-
» mens à leur père et mère et autres ascendans qui
» sont dans le besoin. »

Art. 206. « Les gendres et belles-filles doivent égale-
» ment, dans les mêmes circonstances, des alimens à
» leurs beau-père et belle-mère, mais cette obligation
» cesse, 1° lorsque la belle-mère a convolé en secondes
» noces; 2° lorsque celui des époux qui produisait
» l'affinité, et les enfans issus de son union avec l'autre
» époux sont décédés. »

Art. 207. « Les obligations résultant de ces disposi-
» tions sont réciproques.

Arrêt de la Cour Royale de Douai, du 25 mai 1859;
Tajan, tom. 39, page 147, qui décide : « Que la soli-
» darité existe entre les enfans qui sont condamnés à
» servir une pension alimentaire à leurs père et mère,
» et tous et chacun d'eux sont tenus de l'intégralité de
» la dette alimentaire, sauf leur recours contre leurs
» co-débiteurs. » (*Vid.*, sur cette question controversée,
Tajan, tom. 26, page 51 ; tom. 28, pages 50, 71 et
428; tom. 35, page 250, et le tom. 39, page 17.

ART. 7.

« Les juges de paix connaissent de toutes
» les demandes réconventionnelles ou en com-
» pensation qui, par leur nature ou leur
» valeur, sont dans les limites de leur com-
» pétence, alors même que, dans les cas
» prévus par l'art. 1er, ces demandes réunies
» à la demande principale s'élèveraient au-
» dessus de deux cents francs. Ils connaissent
» en outre, à quelques sommes qu'elles puissent
» monter, des demandes réconventionnelles
» en dommages-intérêts, fondées exclusi-
» vement sur la demande principale elle-
» même. »

OBSERVATIONS.

La réconvention est la demande que l'on forme pour
se défendre contre celui qui en a formé une le premier,
et devant le même juge.

La compensation est une libération respective de
deux personnes qui se trouvent débitrices l'une envers
l'autre.

§ 1er. La compensation suppose nécessairement deux
dettes qui se rencontrent et deux payemens qui s'op-
pèrent en même temps.

§ 2. L'action personnelle s'éteint par la compensation.

ART. 1290 du Code civil. « La compensation s'opère
» de plein droit par la seule force de la loi, même à
» l'insçu des débiteurs. Les deux dettes s'éteignent réci-
» proquement, à l'instant où elles se trouvent exister à

» la fois, jusqu'à concurrence de leurs quotités respec-
» tives. »

ART. 1291. « La compensation n'a lieu qu'entre deux
» dettes qui ont également pour objet une somme d'ar-
» gent, ou une certaine quantité de choses fongibles
» de la même espèce, et qui sont également liquides et
» exigibles ; les prestations en grains ou denrées, non
» contestées, et dont le prix est réglé par les mercuriales,
» peuvent se compenser avec des sommes liquides et
» exigibles. »

Ainsi, une dette litigieuse, un droit incertain, une
prétention douteuse et non réglée, une obligation con-
ditionnelle ne pourraient être offerts en compensation
avec un droit certain, un compte arrêté, une liquida-
tion terminée. (Arrêt de Cassat. du 19 mars 1811; *Sirey*,
tom. 13, 1, 256.)

Art. 8.

« Lorsque chacune des demandes princi-
» pales, réconventionnelles ou en compen-
» sation, sera dans les limites de la compé-
» tence du juge de paix en dernier ressort,
» il prononcera sans qu'il y ait lieu à appel. Si
» l'une de ces demandes n'est susceptible d'être
» jugée qu'à charge d'appel, le juge de paix
» ne prononcera sur toutes qu'en premier
» ressort. Si la demande réconventionnelle
» ou en compensation excède les limites de
» la compétence, il pourra, soit retenir le
» jugement de la demande principale, soit
» renvoyer, sur le tout, les parties à se pour-
» voir devant le tribunal de 1re instance,
» sans préliminaire de conciliation.»

Nota. Voilà une compétence purement facultative, et
qui fait exception au principe que les compétences sont
de droit rigoureux. (*Extrait du Consultant.*)

ART. 9.

« Lorsque plusieurs demandes, formées
» par la même partie, seront réunies dans
» la même instance, le juge de paix ne
» prononcera qu'en premier ressort, si leur
» valeur totale s'élève au-dessus de cent
» francs, lors même que quelqu'une de ces
» demandes serait inférieure à cette somme;
» il sera incompétent sur le tout, si ces
» demandes excèdent, par leur réunion, les
» limites de sa juridiction. »

En observant que cet article ne fait que reproduire
l'état actuel de la législation et de la jurisprudence, nous
observerons aussi que d'après l'art. 1346 du Cod. civ.
« Toutes les demandes, à quel titre que ce soit, qui ne
» seront pas entièrement justifiées par écrit, seront for-
» mées par un même exploit, après lequel les autres
» demandes dont il n'y aura point de preuve par écrit
» ne seront pas reçues. »

Nota. Il faut néanmoins que le terme soit échu; car
on ne peut rien demander avant l'échéance, sauf certains cas, tels que la faillite, la déconfiture, etc., etc.

ART. 10.

» Dans les cas où la saisie-gagerie [a] ne
» peut avoir lieu qu'en vertu de permission
» de justice, cette permission sera accordée
» par le juge de paix du lieu où la saisie
» devra être faite, toutes les fois que les
» causes rentreront dans sa compétence [b].
» S'il y a opposition de la part des tiers pour
» des causes et pour des sommes qui, réu-
» nies, excéderaient cette compétence, le
» jugement en sera déféré aux tribunaux de
» première instance.»

(a) La saisie-gagerie est un acte conservatoire et
d'exécution, par lequel le propriétaire ou principal
locataire d'une maison ou d'une ferme fait saisir les
objets garnissant la maison louée ou la ferme, et sur
lesquels il a un privilége, en vertu de l'art. 2102 du
Cod. civ.

ART. 2102. « Les créances privilégiées sur certains
» meubles sont :

» 1º Le loyer et fermages des immeubles, sur les fruits
» de la récolte de l'année, et sur le prix de tout ce qui
» garnit la maison louée ou la ferme, et de tout ce qui
» sert à l'exploitation de la ferme; savoir : Pour tout ce
» qui est échu et pour tout ce qui est à échoir, si les
» baux sont authentiques, ou si, étant sous signature
» privée, ils ont une date certaine ; et dans ces deux cas,
» les autres créanciers ont le droit de relouer la maison
» ou la ferme pour le restant du bail, et de faire leur
» profit des baux ou fermages, à la charge toutefois de
» payer au propriétaire tout ce qui lui serait encore dû.

» Et, à défaut de baux authentiques, ou lors-

» qu'étant sous signature privée, ils n'ont pas une date
» certaine pour une année, à partir de l'expiration de
» l'année courante.

« Le même privilége a lieu pour les réparations loca-
» tives et pour tout ce qui concerne l'exécution du bail.

» Néanmoins, les sommes dues pour les semences ou
» pour les frais de la récolte de l'année sont payées sur
» le prix de la récolte, et celles dues pour ustensiles,
» sur le prix de ces ustensiles, par préférence au pro-
» priétaire, dans l'un et l'autre cas. »

« Le propriétaire peut saisir les meubles qui garnis-
» sent sa maison ou sa ferme, lorsquils ont été déplacés
» sans son consentement, il conserve sur eux son pri-
» vilége, pourvu qu'il en ait fait la revendication; savoir,
» lorsqu'il s'agit du mobilier qui garnissait une ferme,
» dans le délai de quarante jours, et dans celui de quin-
» zaine, s'il s'agit de meubles garnissant une maison, etc. »

Art. 819 du Code de procédure civile. « Les proprié-
» taires et principaux locataires des maisons ou biens
» ruraux, soit qu'il y ait bail, soit qu'il n'y en ait pas,
» peuvent, un jour après le commandement, et sans per-
» mission du juge, faire saisir-gager pour les loyers et
» fermages échus, les effets et fruits étant dans lesdites
» maisons ou bâtimens ruraux et sur les terres.

« Ils peuvent même faire saisir-gager à l'instant (c'est-
» à-dire sans commandement préalable), en vertu de
» la permission qu'ils en auront obtenu sur requête du
» président du tribunal de première instance. (Cette der-
» nière disposition est modifiée, abrogée même par l'art.
» 10 de la présente loi, le juge de paix peut seul accorder
» la permission.)

« Ils peuvent aussi saisir les meubles qui garnissaient
» la maison ou la ferme, lorsqu'ils ont été déplacés sans
» leur consentement, et ils conservent sur eux leur pri-
» vilége, pourvu qu'ils en aient fait la revendication,
» conformément à l'art. 2102 du Code civil. »

Art. 820. Code proc. civ. « Peuvent, les effets des sous-
» fermiers et sous-locataires, garnissant les lieux par eux

» occupés, et les fruits des terres qu'ils sous-louent, être
» saisis-gagés, pour les loyers et fermages dus par le
» locataire ou fermier de qui ils tiennent; mais ils ob-
» tiendront main levée, en justifiant qu'ils ont payé sans
» fraude, et sans qu'ils puissent opposer les payemens
» faits par anticipation. »

ART. 821 Cod. de procéd. civ. « La saisie-gagerie sera
» faite en la même forme que la saisie-exécution ; le
» saisi pourra être établi gardien, et, s'il y a des fruits,
» elle sera faite dans la forme établie par le tit. 9 du
» livre 5. (La saisie-brandon). »

ART. 824. Cod. de procéd. civ. « Il ne pourra être pro-
» cédé à la vente sur les saisies énoncées au présent
» titre (1) qu'après qu'elles auront été déclarées valables.
» Le saisi, dans le cas de l'art. 821 ; le saisissant, dans le
» cas de l'art. 823, ou le gardien, s'il en a été établi,
» seront condamnés par corps à la représentation des
» effets. »

ART. 825. « Seront au surplus observées les règles
» ci-devant prescrites pour la saisie-exécution, la vente
» et la distribution des deniers. »

La Cour Royale de Nancy, par son arrêt du 5 décembre 1837, rapporté dans *Sircy*, tom. 39, 2e partie,
page 164, décida : « 1° Que la saisie-gagerie peut-être
» pratiquée pour loyer à échoir, aussi bien que pour
» les loyers échus.

« 2° Que les fruits récoltés doivent être compris dans
» les meubles garnissant la ferme dont parle l'art. 819,
» Cod. proced., et que le propriétaire peut les faire saisir,
» en cas de déplacement.

---

(1) L'art. 822 du Cod. de procéd. civ. autorise la saisie-arrêt sur les effets
trouvés en la commune qu'habite le créancier, appartenant à son *débiteur
forain*, avec la permission du juge de paix. Mais la présente loi n'autorise
pas le juge de paix à statuer sur la validité de cette même saisie.

Art. 11.

« L'exécution provisoire des jugemens sera
» ordonnée dans tous les cas où il y a titre
» authentique, promesse reconnue ou con-
» damnation précédente dont il n'y a point
» eu appel (*a*).

» Dans tous les autres cas, le juge pourra
» ordonnner l'exécution provisoire, nonobs-
» tant appel, sans caution, lorsqu'il s'agira
» de pension alimentaire, ou lorsque la somme
» n'excédera pas trois cents francs, et avec
» caution, au-dessus de cette somme. La cau-
» tion sera reçue par le juge de paix (*b*). »

(*a*) C'est la répétition de l'art. 135 du Code de procédure civile.

(*b*) Ces dernières dispositions dérogent à celles de
l'art. 17 du Code de procédure civile, ainsi conçu :

Art. 17. « Les jugemens des justices de paix, jus-
» qu'à concurrence de 300 fr., seront exécutoires par
» provision, nonobstant l'appel, et sans qu'il soit be-
» soin de fournir caution. Les juges de paix pourront,
» dans les autres cas, ordonner l'exécution provisoire
» de leurs jugemens, mais à la charge de donner
» caution. »

RÉCEPTIONS DES CAUTIONS.

Art. 517 du Code de procédure civile. « Le jugement
» qui ordonnera de fournir caution, fixera le délai dans
» lequel elle sera présentée, et celui dans lequel elle
» sera acceptée ou contestée. »

Art. 518. « La caution sera présentée par exploit,

» signifié à la partie, si elle n'a point d'avoué, et par
» acte d'avoué à avoué, si elle en a constitué (1), avec
» copie de l'acte de dépôt, qui sera fait au greffe, des
» titres qui constatent la solvabilité de la caution, sauf
» le cas où la loi n'exige pas que la solvabilité soit
» établie par titres. »

Art. 519. « La partie pourra prendre, au greffe,
» communication des titres; si elle accepte la caution,
» elle le déclarera par un simple acte, ou si la partie
» ne conteste pas dans le délai, la caution fera, au
» greffe, sa soumission, qui sera exécutoire sans juge-
» ment, même pour la contrainte par corps, s'il y a
» lieu à contrainte. »

Art. 520. « Si la partie conteste la caution dans le
» délai fixé par le jugement, l'audience sera poursuivie
» sur un simple acte. »

Nota. D'après l'art. 521. Les jugemens sur les récep-
tions de caution sont exécutoires nonobstant appel.

Art. 522. « Si la caution est admise, elle fera sa
» soumission, conformément à l'art. 519 ci-dessus. »

---

(1) Devant la justice de paix il n'y a point d'avoué, on doit donc procéder
par acte signifié à partie.

Art. 12.

« S'il y a péril en la demeure, l'exécution
» provisoire pourra être ordonnée sur la mi-
» nute du jugement (*a*), avec ou sans cau-
» tion, conformément aux dispositions de
» l'article précédent.»

(*a*) Cette disposition est la répétition de celle portée
en l'art. 811 du Code de procéd. civ., au titre des référés; à cet égard voici ce qu'on lit dans le dictionnaire
de Dallos jeune, v° référé, n° 69 : « Dans le cas d'ab-
» solue nécessité, le juge des référés peut ordonner
» l'exécution de son ordonnance sur la minute, quel-
» quefois même il l'ordonne avant l'enregistrement,
» et commet alors un huissier à l'effet de procéder à
» l'exécution, et de rapporter la minute au greffe.»
Il cite une décision du ministre des finances du 13
juin 1809, formelle à cet égard.

Nota. Cette décision ministérielle s'applique aussi
à l'art. 6 du Code de procédure civile, et *Paillet*, dans
son *Manuel du droit français*, dans sa note sur ce
même art. 6, dit : « Que, pour l'exercice de la faculté
» accordée par ledit article, le jugement peut être pro-
» noncé avant que la citation ait été enregistrée, mais
» que l'exploit doit être soumis à cette formalité dans
» les quatre jours de sa date. »

Art. 13.

« L'appel des jugemens des juges de paix
» ne sera recevable, ni avant les trois jours
» qui suivront celui de la prononciation des
» jugemens, à moins qu'il n'y ait lieu à exé-
» cution provisoire, ni après les trente jours
» qui suivront la signification, à l'égard des
» personnes domiciliées dans le canton. Les
» personnes domiciliées hors du canton au-
» ront, pour interjeter appel, outre le délai
» de trente jours, le délai réglé par les art.
» 73 et 1033 du Code de procéd. civ. (a). »

(a) Art. 73. « Si celui qui est assigné demeure hors
» de la France continentale, le délai sera :
» 1° Pour ceux demeurant en Corse, dans l'île d'Elbe
» ou de Capraja, en Angleterre ou dans les états limi-
» trophes de la France, de deux mois;
» 2° Pour ceux demeurant dans les autres états de
» l'Europe, de quatre mois;
» 3° Pour ceux demeurant hors d'Europe, en deçà du
» Cap de Bonne-Espérance, de six mois; et pour ceux
» demeurant au-delà, d'un an. »
Art. 1033. « Le jour de la signification, ni celui de
» l'échéance ne sont jamais comptés pour le délai gé-
» néral, fixé pour les ajournemens, les citations, som-
» mations et autres actes faits à personne ou domicile,
» ce délai sera augmenté d'un jour à raison de trois
» myriamètres de distance; et quand il y aura lieu à
» voyage ou envoi et retour, l'augmentation sera du
» double. »

Art. 14.

« Ne sera pas recevable l'appel des juge-
» mens mal à propos qualifiés en premier
» ressort ou qui, étant en dernier ressort,
» n'auraient pas été qualifiés.

» Seront sujets à l'appel les jugemens
» qualifiés en dernier ressort, s'ils ont statué,
» soit sur des questions de compétence, soit
» sur des matières dont le juge de paix ne
» pouvait connaître qu'en premier ressort (a).
» Néanmoins, si le juge de paix s'est déclaré
» compétent, l'appel ne pourra être interjeté
» qu'après le jugement définitif.»

(a) C'est la répétition des art. 453 et 454 du Cod. de procéd. civile, ainsi conçus :

Art. 453. « Seront sujets à l'appel, les jugemens qua-
» lifiés en dernier ressort, lorsqu'ils auront été rendus
» par des juges qui ne pouvaient prononcer qu'en pre-
» mière instance.

» Ne seront recevables les appels des jugemens rendus
» sur des matières dont la connaissance en dernier res-
» sort appartenait aux premiers juges, mais qu'ils au-
» raient omis de qualifier ou qu'ils auraient mal quali-
» fiés.»

Art. 454. « Losqu'il s'agira d'incompétence, l'appel
» sera recevable encore que le jugement ait été qualifié
» de dernier ressort.»

Art. 15.

« Les jugemens rendus par les juges de
» paix ne peuvent être attaqués par la voie
» du recours en cassation que pour excès de
» pouvoir (a). »

(a) *Excès de pouvoir.* « C'est, d'après *Favard de*
» *l'Anglade*, l'acte par lequel un juge sort du cercle
» de ses attributions et fait ce que la loi ne lui donne pas
» le droit de faire. »

Observations. Ce n'est pas par exploit ordinaire qu'on
se pourvoit en cassation.

Le pourvoi se fait par une requête enregistrée et déposée au greffe de la Cour de Cassation. Elle est libellée
et signée par un avocat en la cour. On doit y joindre
le jugement dénoncé, en expédition ou par copie signi-
fiée.

On doit y joindre également une quittance de con-
signation d'amende délivrée par le receveur. L'amende
à consigner est de 150 fr. et le décime, pour un jugement contradictoire, et de 75 fr. et le décime, pour un
jugement par défaut.

Si la partie est dans l'impossibilité de consigner
l'amende, il suffit d'un certificat d'indigence ; mais en
ce cas le certificat délivré par le maire doit être visé et
approuvé par le préfet.

On doit aussi joindre à ce certificat un extrait des
rôles des contributions simplement légalisé par le préfet.

Toutes ces formalités sont de rigueur.

Pour les habitans de la France Continentale, le pourvoi doit avoir lieu dans le délai de 3 mois, à dater du
jour de la signification du jugement à personne ou domicile. (*Vide Sirey*, table vicennale, v° *Cassation.*

Art. 16.

« Tous les huissiers d'un même canton
» auront le droit de donner les citations et
» de faire tous les actes devant la justice de
» paix. Dans les villes où il y a plusieurs
» justices de paix, les huissiers exploitent
» concurremment dans le ressort de la juri-
» diction assignée à leur résidence. Tous les
» huissiers du même canton seront tenus de
» faire le service des audiences et d'assister
» le juge de paix, toutes les fois qu'ils en
» seront requis. Les juges de paix choisiront
» leurs huissiers audienciers (a).»

(a) Autrefois les huissiers des justices de paix étaient
nommés par les juges de paix, et exclusivement à tous
autres huissiers, ils faisaient, pour cette juridiction et le
tribunal de simple police, tous les actes de leur ministère.

ART. 17.

« Dans toutes les causes, excepté celles
» où il y aurait péril en la demeure, et celles
» dans lesquelles le défendeur serait do-
» micilié hors du canton ou des cantons de
» la même ville, le juge de paix pourra
» interdire aux huissiers de sa résidence de
» donner aucune citation en justice, sans
» qu'au préalable il n'ait appelé sans frais
» les parties devant lui (a). »

(a) Cette disposition impérative pour les huissiers
est laissée au pouvoir discrétionnaire du juge de paix.

ART. 7 du Cod. procéd. civ. « Les parties pourront
» toujours se présenter volontairement devant un juge
» de paix ; auquel cas il jugera leur différent, soit en
» dernier ressort, si les lois et les parties l'y autorisent,
» soit à la charge de l'appel, encore qu'il ne fut le juge
» naturel des parties, ni à raison du domicile du défen-
» deur, ni à raison de l'objet litigieux.

» Les déclarations des parties, qui demanderont juge-
» ment, seront signées par elles, ou mention sera faite
» si elles ne peuvent signer. »

QUESTIONS.

Le juge de paix peut-il rendre jugement, sans se conformer à la disposition de l'art. 7 du Cod. de procéd.
civ., lorsque les parties se présentent devant lui en
vertu d'un billet d'avertissement ?

Une dissertation sur cette question, qu'on lit dans le
journal *Le Juge de Paix*, tom. 9, 3ᵉ livraison, page
69, porte en résumé : « Qu'une sentence judiciaire, ren-
» due sans cette formalité, sur une comparution volon-
» taire en vertu d'un simple avertissement, serait d'un
» vice radical. »

ART. 18.

« Dans toutes les causes portées devant la
» justice de paix, aucun huissier ne pourra
» ni assister comme conseil, ni représenter
» les parties en qualité de procureur fondé,
» à peine d'une amende de vingt-cinq à cin-
» quante francs, qui sera prononcée, sans
» appel, par le juge de paix.

» Ces dispositions ne seront pas applica-
» bles aux huissiers qui se trouvent dans
» l'un des cas prévus par l'art. 86 du Code
» de procédure civile (a). »

(a) Art. 86 Cod. procéd. civ. « Les parties ne pourront
» charger de leur défense, soit verbale, soit par écrit,
» même à titre de consultation, les juges en activité de
» service, procureurs généraux, avocats généraux,
» procureurs du roi, substituts des procureurs généraux
» et du roi, même dans les tribunaux autres que ceux
» près desquels ils exercent leurs fonctions. Pourront
» néanmoins les juges, procureurs généraux, avocats
» généraux, procureurs du roi et substituts des procu-
» reurs généraux et du roi, plaider dans tous les tribu-
» naux leurs causes personnelles et celles de leurs
» femmes, parens ou alliés en ligne directe, et de leurs
» pupilles. »

Art. 19.

« En cas d'infraction aux dispositions des
» articles 16, 17 et 18, le juge de paix
» pourra défendre aux huissiers du canton
» de citer devant lui pendant un délai de
» quinze jours à trois mois, sans appel et
» sans préjudice de l'action disciplinaire des
» tribunaux et des dommages-intérêts des
» parties, s'il y a lieu. »

OBSERVATIONS.

Cette disposition est encore laissée au pouvoir discrétionnaire du juge.

Si le juge de paix usait de la faculté que lui accorde
cet article, sa décision serait restreinte à la simple inter-
diction de *citer devant lui*. L'huissier aurait le droit de
faire tous les autres actes de son ministère.

Art. 20.

« Les actions concernant les brevets d'in-
» vention seront portées, s'il s'agit de nul-
» lité ou de déchéance des brevets, devant
» les tribunaux civils de première instance,
» s'il s'agit de contrefaçon, devant les tribu-
» naux correctionnels (a). »

(a) *Brevet d'invention.* C'est un acte par lequel le
gouvernement, pour récompenser l'industrie d'un artiste

ou d'un manufacturier, lui accorde, pour un certain temps, le droit exclusif de fabriquer et vendre les objets dont l'invention lui est due.

Ces brevets ont été institués par un décret du 30 décembre 1790, sanctionné le 7 janvier suivant, et ce décret a été expliqué par un autre du 14 -- 25 mai 1791.

Les articles 10 et 11 du décret du 14 -- 25 mai 1791 donnaient juridiction aux juges de paix sur cette matière; mais aujourd'hui ces dispositions sont abrogées par l'art. 20 de la présente loi, et les juges de paix cessent, d'après cet article, d'être compétens.

ART. 21.

« Toutes les dispositions des lois anté-
» rieures, contraires à la présente loi, sont
» abrogées (a). »

(a) *Vide* l'art. 11 de la présente loi, où il a été dit que l'art. 17 du Code de procéd. civ. avait été abrogé par ledit article 11.

ART. 22 ET DERNIER.

« Les dispositions de la présente loi ne
» s'appliqueront pas aux demandes intro-
» duites avant sa promulgation (a). »

(a) ART. 2 du Cod. civ. « La loi ne dispose que pour
» l'avenir ; elle n'a point d'effet rétroactif. »

EXTRAIT DE LA LOI
Du 28 Mai 1838,
SUR LES FAILLITES ET LES BANQUEROUTES,

ARTICLES CONCERNANT MM. LES JUGES DE PAIX.

Art. 457. Le greffier du tribunal de commerce adressera, sur-le-champ, au juge de paix, avis de la disposition du jugement qui aura ordonné l'apposition des scellés. Le juge de paix pourra, même avant ce jugement, apposer les scellés, soit d'office, soit sur la réquisition d'un ou plusieurs créanciers, mais seulement dans le cas de disparition du débiteur ou de détournement de tout ou partie de son actif.

Art. 458. Les scellés seront apposés sur les magasins, comptoirs, caisses, portefeuilles, livres, papiers, meubles et effets du failli. En cas de faillite d'une société en nom collectif, les scellés seront apposés, non seulement dans le siége principal de la société, mais encore dans le domicile séparé de chacun des associés solidaires. Dans tous les cas, le juge de paix donnera, sans délai, au président du tribunal de commerce, avis de l'apposition des scellés.

Art. 461. Lorsque les deniers appartenant à la faillite ne pourront suffire immédiatement aux frais du jugement de déclaration de la faillite, d'affiche et d'insertion de ce jugement dans les journaux, d'apposition des scellés, d'arrestation et d'incarcération du failli, l'avance de ces frais sera faite, sur ordonnance du juge-commissaire, par le trésor public, qui en sera remboursé par privilége sur les premiers recouvremens, sans préjudice du privilége du propriétaire.

Art. 468. Si l'apposition des scellés n'avait point eu lieu avant la nomination des syndics, ils requerront le juge de paix d'y procéder.

Art. 469. Le juge-commissaire pourra également, sur la demande des syndics, les dispenser de faire placer sous les scellés ou les autoriser à en faire extraire :

1° Les vêtemens, hardes, meubles et effets néces

saires au failli et à sa famille, et dont la délivrance sera autorisée par le juge-commissaire, sur l'état que lui en soumettront les syndics; 2° Les objets sujets à dépérissement prochain ou à dépréciation imminente; 3° Les objets servant à l'exploitation du fonds de commerce, lorsque cette exploitation ne pourrait être interrompue sans préjudice pour les créanciers. Les objets compris dans les deux paragraphes précédens seront de suite inventoriés avec prisée par les syndics, en présence du juge de paix, qui signera le procès-verbal.

Art. 471. Les livres seront extraits des scellés et remis par le juge de paix aux syndics, après avoir été arrêtés par lui; il constatera sommairement, par son procès-verbal, l'état dans lequel ils se trouveront. Les effets de portefeuille à courte échéance ou susceptibles d'acceptation, ou pour lesquels il faudra faire des actes conservatoires, seront aussi extraits des scellés par le juge de paix, décrits et remis aux syndics pour en faire le recouvrement. Le bordereau en sera remis au juge-commissaire.

Art. 479. Dans les trois jours, les syndics requerront la levée des scellés, et procéderont à l'inventaire des biens du failli, lequel sera présent ou dûment appelé.

Art. 480. L'inventaire sera dressé en double minute par les syndics, à mesure que les scellés seront levés, et en présence du juge de paix, qui le signera à chaque vacation. L'une de ces minutes sera déposée au greffe du tribunal de commerce, dans les vingt-quatre heures; l'autre restera entre les mains des syndics. Les syndics seront libres de se faire aider, pour sa rédaction comme pour l'estimation des objets, par qui ils jugeront convenable. Il sera fait récolement des objets qui, conformément à l'art. 469, n'auraient pas été mis sous les scellés, et auraient déjà été inventoriés et prisés.

Art. 481. En cas de déclaration de faillite après décès, lorsqu'il n'aura point été fait d'inventaire antérieurement à cette déclaration, ou en cas de décès du failli avant l'ouverture de l'inventaire, il y sera procédé immédiatement, dans les formes du précédent article, et en présence des héritiers, ou eux dûment appelés.

EXTRAIT DU DÉCRET

Du 16-24 Août 1790,

SUR L'ORGANISATION JUDICIAIRE.

TITRE IV DES JUGES DE Ire INSTANCE.

Art. 4 Les juges de district connaîtront en première instance de toutes les affaires *personnelles, réelles et mixtes*, en toutes matières, excepté seulement celles qui ont été déclarées ci-dessus être de la compétence des juges de paix ; les affaires de commerce, dans les districts où il y aura des tribunaux de commerce établis, et le contentieux de la police municipale.

Art. 5. Les juges de district connaîtront en premier et dernier ressort de toutes les affaires personnelles et mobilières, jusqu'à la valeur de mille livres de principal (*a*), et des affaires réelles, dont l'objet principal sera de cinquante livres de revenu déterminé (*b*), soit en rente (*c*), soit par prix de bail (*d*).

(*a*) 1° Lorsqu'une demande au-dessous de mille francs est subordonnée à la décision d'une question préjudicielle de valeur indéterminée, ou au-dessus de mille francs, le tribunal ne peut statuer en dernier ressort. (Cass. du 21 avril 1807 ; *Sirey*, tom. 7, 2, 898).

2° Une demande en désaveu, ou toute autre, de valeur indéterminée, peut être jugée en dernier ressort, lorsqu'elle est formée accessoirement à une demande au-dessous de mille francs. (Cass. du 5 thermidor an XIII; *Sirey*, tom. 7, 2, 897. Cass. du 18 nivôse an XII; *Sirey*, tom. 4, 2, 64.)

3° Une demande moindre de mille francs, restant due sur une obligation au-dessus de mille francs, ne peut être jugée en dernier ressort. (Cour royale d'Orléans, du 21 décembre 1822; *Sirey*, tom. 23, 2, 192.)

4° Une demande moindre de mille francs, formée contre un co-débiteur solidaire, pour sa part dans une obligation excédant mille francs, peut être jugée en dernier ressort. (Cass. du 12 août 1806; *Sirey*, tom. 6, 2, 955.)

5° Lorsqu'un jugement prononce sur le fond en dernier ressort, la disposition qui prononce la contrainte par corps n'est pas plus susceptible d'appel que la disposition au fond. (Cass. du 5 novembre 1811; *Sirey*, tom. 12, 1, 18.)

(*b*) 1° Le tribunal de première instance ne peut statuer en dernier ressort sur une contestation relative à un immeuble valant moins de mille francs; si le revenu excède cinquante francs, ou est indéterminé, c'est la quotité du revenu, et non la valeur de l'immeuble, qui détermine, s'il y a lieu, à statuer en dernier ressort. (Cass. 13 thermidor an V, 23 prairial an XII, 21 messidor an XIII; *Sirey*, tom 7, 2, 899 et suivans.)

(*c*) Il n'y a pas lieu à statuer en dernier ressort sur une demande d'arrérages de rente, lorsqu'elle est subordonnée à la validité du titre. (Cass. du 8 ventôse an VIII; *Sirey*, tom. 1, 2, 222.)

(*d*) Il y a lieu à statuer en dernier ressort ou seulement en premier ressort, sur une demande en résiliation ou réduction d'un bail, selon que le prix de toute la durée du bail excède ou n'excède pas mille francs, quelque soit le prix annuel du bail. (Cass. du 15 février 1819; *Sirey*, tom. 19, 1, 247. Cour de Bruxelles, du 15 nivôse an XIII; *Sirey*, tom. 5, 2, 277.)

LOI

DU 11 AVRIL 1838,

SUR LES TRIBUNAUX CIVILS DE Ire INSTANCE.

ARTICLE Ier.

« Les tribunaux civils de première ins-
» tance connaîtront, en dernier ressort, des
» actions personnelles et mobilières jusqu'à
» la valeur de quinze cents francs de princi-
» pal, et des actions immobilières jusqu'à
» soixante francs de revenu déterminé, soit
» en rentes, soit par prix du bail. Ces ac-
» tions seront instruites et jugées comme
» matières sommaires (*a*). »

(*a*) Art. 405 du Code de procéd. civile. « Les ma-
» tières sommaires seront jugées à l'audience, après
» les délais de la citation échus, sur un simple acte,
» sans autres procédures ni formalités. »

Arrêt de la Cour royale de Bordeaux, du 17 avril
1839, rapporté dans *Tajan*, tom. 39, page 115, qui
décide : « Que le tribunal de première instance pouvant,
» d'après la loi du 13 avril 1838, statuer en dernier
» ressort sur les demandes personnelles et mobilières
» jusqu'à la valeur de 1,500 fr., prononce, par cela même,
» en dernier ressort sur la validité ou la nullité d'une
» saisie-immobilière, faite pour une somme inférieure à
» cette quotité. »

Nota. L'adoption de ce mode de poursuite ne change pas la nature de la demande qui, n'ayant pour objet

[50]

qu'une somme d'argent, demeure toujours mobilière.

Arrêt de la Cour royale de Toulouse, du 16 février 1839; *Tajan*, tome 39 page 122. « Le jugement qui » statue sur une opposition formée simultanément et par » un seul exploit, par plusieurs individus ou co-héri- » tiers envers des commandemens en saisie-immobilière, » pour des sommes s'élevant à plus de 1,500 fr. nes, » est en dernier ressort et non susceptible d'appel, si la » part dont est tenu chaque débiteur personnellement » est au-dessous de cette somme.»

ART. 2.

« Lorsqu'une demande réconventionnelle » ou en compensation (*a*) aura été formée » dans les limites de la compétence des tri- » bunaux civils de première instance, en » dernier ressort (*b*), il sera statué sur le » tout, sans qu'il y ait lieu à appel. Si l'une » des demandes s'élève au-dessus des limites » ci-dessus indiquées, le tribunal ne pro- » noncera, sur toutes les demandes qu'en » premier ressort. Néanmoins, il sera statué » en dernier ressort sur les demandes en » dommages-intérêts, lorsqu'elles seront fon- » dées exclusivement sur la demande prin- » cipale elle-même. »

(*a*) *Vide* les observations sur l'art. 7 de la loi sur les justices de paix, où l'on a parlé de la réconvention et de la compensation.

(*b*) *Vide* l'art. 1er de la présente loi, qui fixe claire-ment le dernier ressort.

Art. 3.

« Les tribunaux dont les noms suivent,
» actuellement composés de trois juges et
» trois suppléans, seront à l'avenir composés
» de quatre juges et trois suppléans : Alais,
» Altkirch, Argentan, Aubusson, Bagnères,
» Bayeux, Belfort, Bourgoing, Charolles,
» Espalion, Issoire, Largentière, Lure,
» Mauriac, Marvéjols, Neuchâtel, Oleron,
» Roanne, St-Gaudens, St-Girons, S.-Lô,
» St-Marcellin, Sarguemine, Saverne, Sche-
» lestad, Uzès, Villefranche (Aveyron),
» Villefranche (Rhône), Wissembourg. »

Art. 4.

« Les tribunaux de St-Etienne (Loire), et
» de Vienne (Isère), actuellement composés
» de quatre juges et trois suppléans, seront
» portés à sept juges et quatre suppléans.
» En conséquence, ils seront augmentés
» d'un vice-président, de deux juges et d'un
» juge suppléant, d'un substitut du procu-
» reur du roi et d'un commis-greffier. »

Art. 5.

« Seront, à l'avenir, composés de sept

» juges, au lieu de neuf, les tribunaux dont
» les noms suivent : Alençon, Auch, Bour-
» bon-Vendée, Carpentras, Digne, Laval,
» le Mans, Montauban, Mont-de-Marsan,
» Moulins, Niort, Perpignan, Saintes,
» Quimper, St-Omer, St-Brieuc, Vannes. »

Art. 6.

« Le tribunal de Grenoble, actuellement
» composé de neuf juges, sera porté à douze,
» et formera à l'avenir trois chambres. En
» conséquence, il sera augmenté d'un vice-
» président, de deux juges, de deux juges-
» suppléans, d'un substitut et d'un commis-
» greffier. »

Art. 7.

« Le nombre, la durée des audiences et
» leur affectation aux différentes natures
» d'affaires seront fixés, dans chaque tribu-
» nal, par un règlement qui sera soumis à
» l'approbation du garde-des-sceaux. »

Art. 8.

« Dans les tribunaux où il sera formé
» une chambre temporaire, les juges-sup-
» pléans, qui feront partie de cette chambre
» comme juges ou substituts, recevront,
» pendant toute sa durée, le même traite-
» ment que les juges. »

Art. 9.

« Dans le cas où la peine de suspension
» aura été prononcée contre un juge, pour
» plus d'un mois, un des juges-suppléans
» sera appelé à le remplacer, et il recevra
» le traitement de juge. »

Art. 10.

« Tout juge-suppléant qui, sans motifs
» légitimes, refuserait de faire le service
» auquel il serait appelé pourra, après pro-
» cès-verbal constatant sa mise en demeure
» et son refus, être considéré comme démis-
» sionnaire. »

Art. 11.

« Dans tous les cas où les tribunaux de

» première instance statuent en assemblée
» générale, l'assemblée devra être composée
» au moins de la majorité des juges en titre.
» Les juges-suppléans n'auront voix délibé-
» rative que lorsqu'ils remplaceront un juge.
» Dans tous les autres cas ils auront voix
» consultative. »

Art. 12.

» Les dispositions des articles 1 et 2 de
» la présente loi ne s'appliquent point aux
» demandes introduites avant sa promul-
» gation (*a*). »

(*a*) Art. 2 du Code civil. « La loi ne dispose que pour
» l'avenir, elle n'a point d'effet rétroactif. »

Art. 13 et dernier.

« L'article 5, titre 4 de la loi du 16-24
» août 1790, sur la compétence des tribu-
» naux civils de première instance est abro-
» gée (*a*). »

(*a*) Art. 5, tit. 4 de la loi du 16--24 août 1790. « Les
» juges de district connaîtront en premier et dernier
» ressort de toutes affaires personnelles et mobilières
» jusqu'à la valeur de mille livres de principal, et des
» affaires réelles, dont l'objet principal sera de 50 livres
» de revenu déterminé, soit en rente, soit par prix de
» bail. »

LOI

DU VINGT MAI 1839,

SUR LES

VICES RÉDHIBITOIRES,

DANS LES VENTES ET ÉCHANGES D'ANIMAUX DOMESTIQUES.

ARTICLE 1er.

« Sont réputés vices rédhibitoires et don-
» neront seuls ouverture à l'action résultant
» de l'art. 1641 du Code civil (*a*), dans les
» ventes ou échanges des animaux domes-
» tiques ci-dessous dénommés, sans distinc-
» tion des localités où les ventes et échanges
» auront eu lieu, les maladies ou défauts
» ci-après, savoir : pour le cheval, l'âne ou
» le mulet, *la fluxion périodique des yeux* (*b*),
» *l'épilepsie ou mal caduc* (*c*), *la morve* [*d*],
» *le farcin* (*e*), *les maladies anciennes de*
» *poitrine ou vieilles courbatures* [*f*],
» l'immobilité (*g*), la pousse (*h*), le cornage
» chronique (*i*), le tic sans usure de dents [*j*],
» les hernies inguinales intermittentes [*k*],
» la boiterie intermittente pour cause de
» vieux mal (*l*).

» Pour l'espèce bovine, *la phthisie pulmo-*
» *naire ou pommelière (m)*, l'épilepsie ou
» mal cadi.c (*n*), les suites de la non déli-
» vrance, le renversement du vagin ou de
» l'utérus, après le part chez le vendeur [*o*].

» Pour l'espèce ovine, la clavelée [*p*].
» Cette maladie, reconnue chez un seul ani-
» mal, entraînera la rédhibition de tout le
» troupeau. La rédhibition n'aura lieu que
» si le troupeau porte la marque du vendeur.
» Le sang de rate [*q*]. Cette maladie n'en-
» traînera la rédhibition du troupeau qu'au-
» tant que dans le délai de la garantie [*r*]
» sa perte constatée s'élèvera au quinzième
» au moins des animaux achetés. Dans ce
» dernier cas, la rédhibition n'aura lieu éga-
» ement que si le troupeau porte la marque
» du vendeur. »

(*r*) Code civil article 1641. « Le vendeur est tenu
» de la garantie, à raison des défauts cachés de la chose
» vendue, qui la rendent impropre à l'usage auquel on
» la destine, ou qui diminuent tellement cet usage, que
» l'acheteur ne l'aurait pas acquise, ou n'en aurait
» donné qu'un moindre prix, s'il les avait connus. »

Arrêt de la cour d'appel de Montpellier, du 23 février
1857; Sirey, tome 7, 2ᵉ partie, page 298, qui a jugé :
« Qu'il n'y a de vices rédhibitoires, dans le sens de l'art.
» 641 du Code Napoléon, que les vices tellement irré-
» médiables par leur nature, que la chose en soit tou-
» jours impropre, en tout ou en partie à l'usage auquel
» on la destine. »

(*b*) *Fluxion périodique des yeux*. Maladie qui se montre par des accès plus ou moins éloignés sur l'organe de la vue, qui, dans l'intervalle de ces accès, des premiers surtout, ne laisse aucune trace de son existence.

(*c*) *Épilepsie ou mal caduc*. Les animaux atteints de cette maladie, qui parfois paraissent en bonne santé, deviennent, lors des accès, presque tout-à-coup souffrans ; s'ils sont en marche ils s'arrêtent ; ils sont comme étourdis ; la respiration devient laborieuse, très-irrégulière ; la circulation éprouve les mêmes aberrations. Ces animaux perdent l'usage des sens ; ils tombent, ils éprouvent des convulsions ; quelquefois poussent des cris plaintifs ; ils écument ; le globe de l'œil est agité dans l'orbite.

(*d*) *La morve*. C'est une affection locale des cavités nasales, un flux de pus par les nasaux.

(*e*) *Le farcin*. Les signes caractéristiques de cette affection sont, ou des pustules abcédées, ou des boutons tantôt rares, tantôt abondans, tantôt dispersés, tantôt réunis par masse ou placés en cordons, en chapelets à la suite l'un de l'autre.

(*f*) *Les maladies anciennes ou vieilles courbatures*. Ce sont les maladies de la plèvre (membrane des côtes) et du poumon, appelées maladies de poitrine.

(*g*) *L'immobilité*. Le cheval est atteint de ce vice quand il est stupide, c'est-à-dire, lourd, inatentif à la voix du conducteur. Il reste à-peu-près immobile à la place où il se trouve ; il prend du foin, le mâche, reste quelques instans sans le mâcher, et recommence ensuite cette action ; sa tête est basse ou élevée, et presque sans mouvement ; ses yeux sont fixes et ses oreilles sont souvent immobiles.

(*h*) *La pousse*. C'est une lésion de la respiration qui se reconnaît aux signes suivans : L'animal paraît jouir de la santé, cependant, tandis que dans l'inspiration il y a élévation assez régulière des côtes, dans l'expiration au contraire, le mouvement d'abaissement est à peine commencé qu'il s'arrête, s'interrompt subitement pour recommencer et s'achever ensuite tranquillement.

(*i*) *Le cornage cronique.* Il consiste dans un bruit plus ou moins fort, contre nature, et maladif par conséquent, que l'animal fait entendre en respirant.

(*i*) *Le tic sans usure de dents.* On appelle tic, toute habitude particulière à un animal, et qu'il a contractée soit par imitation, soit, ce qui est le plus ordinaire, par une cause inconnue.

Le tic, dont il est ici question, se reconnaît lorsque l'animal appuie sur le ratelier, sur la mangeoire ou sur le timon de la voiture, les dents de l'une ou l'autre mâchoire, plus particulièrement celles de la mâchoire supérieure, et qu'il fait entendre par la bouche un espèce de bruit, de flatuosité ou de rot, plus ou moins fort.

(*k*) *Les hernies inguinales intermittentes.* Maladie qui est causée, par intervalles, par une descente des boyaux dans les aines (*joint du filet et du bas ventre*).

(*l*) *La boiterie intermittente pour cause de vieux mal.* La boiterie intermittente est l'action de boiter par intervalles ; en sorte que parfois, telle personne croit acheter un cheval droit, qu'elle achette un cheval boiteux.

(*m*) *La phthisie pulmonaire ou pommelière.* C'est la maladie des poumons qui occasionne une consomption lente. Les causes de mort sont seulement apercevables lors de l'ouverture des cadavres.

(*n*) *L'épilepsie ou mal caduc.* Voyez ce que nous en avons dit à la note (*c*) ci-dessus, en parlant du cheval.

(*o*) *Les suites de la non délivrance.* Il arrive tant de cas qu'il est difficile de les définir. *Le renversement du vagin* (canal qui conduit à la matrice), ou de *l'utérus* (la matrice).

(*p*) *La clavelée* est une maladie éminemment contagieuse, caractérisée par une éruption de boutons qui se montrent à la tête et autour des yeux, aux ars, à la surface interne des avant-bras, sous le ventre et quelquefois sur tout le corps.

(q) *Le sang de rate.* Ou maladie rouge, maladie de Sologne. C'est une affection qui tue les animaux subitement, et qui, d'après le vétérinaire Huzard (1), paraît une espèce d'irruption ou d'apoplexie sanguine, principalement sur l'abdomen, et en particulier sur le foie et la rate.

(r) Voir l'art. 3 de la présente loi qui fixe les délais.

Art. 2.

« L'action en réduction du prix, autorisée
» par l'art. 1644 du Code civil (a), ne pourra
» être exercée dans le cas de vente et d'é-
» change d'animaux énoncés dans l'article
» premier. »

(a) Art. 1644. « Dans le cas des art. 1641 et 1643,
» l'acheteur aura le choix de rendre la chose et de se
» faire restituer le prix, ou de garder la chose et de se
» faire rendre une partie du prix, telle qu'elle sera ar-
» bitrée par experts. »

Art. 1641. *Vide* l'art. 1er de la présente loi, où se trouve transcrit l'art. 1641.

Art. 1643. « Il est tenu (*le vendeur*) des vices cachés,
» quand même il ne les aurait pas connus, à moins que,
» dans ce cas, il n'ait stipulé qu'il ne sera obligé à au-
» cune garantie. »

---

(1) De la garantie et des vices rédhibitoires, par Jn-Be Huzard fils, 2e édition.

Cet article étant co-rélatif à l'article 1627. Voici les termes de cet article :

« Les parties peuvent, par des conventions particuliè-
» res, ajouter à cette obligation de droit ou en dimi-
» nuer l'effet ; elles peuvent même convenir que le ven-
» deur ne sera soumis à aucune garantie. »

Art. 3.

« Le délai pour intenter l'action rédhibi-
» toire sera, non compris le jour fixé pour
» la livraison, de trente jours pour le cas
» de fluxion périodique des yeux et d'épi-
» lepsie ou mal caduc ; de neuf jours pour
» les autres cas (a). »

(*a*) On lit dans *le Juge de Paix*, tom. 9, page 210,
un arrêt de la Cour royale de Paris, du 22 février 1829,
rendu dans la cause de M. le vicomte Decaze, contre
le sieur Defonteny, marchand de chevaux, qui con-
firme un jugement du tribunal de commerce de Ver-
sailles, qui avait décidé :

1° Que dans le cas d'action en résolution de la vente
d'un cheval pour vice rédhibitoire (*la pousse*), il n'est
pas nécessaire que l'assignation soit donnée dans les
neuf jours de la livraison ; qu'il suffit que, dans ce
délai, le demandeur ait présenté requète au juge de
paix, à l'effet de nommer des experts pour faire procéder à la constatation du vice rédhitoire (1).

2° Que lorsque deux chevaux ont été achetés pour
être attelés ensemble, le vice rédhibitoire de l'un deux
peut entraîner, suivant les circonstances, la résolution
de la vente des deux chevaux.

3° Qu'il suffit, pour déterminer la compétence du
tribunal de commerce, que le fait pour lequel l'action
est dirigée contre un marchand, soit un fait de son
commerce, lors même que le demandeur ne serait pas
marchand, et qu'il aurait contracté pour son usage
personnel.

(1) *Vide* en sens contraire, une dissertation de M. Lemonnier, juge de
paix de St-Jean-de-Mons (Vendée), rapportée dans le *Juge de Paix*, tom. 9,
page 221.

Art. 4.

« Si la livraison de l'animal a été effec-
» tuée, ou s'il a été conduit, dans les délais
» ci-dessus, hors du domicile du vendeur,
» les délais seront augmentés d'un jour par
» cinq myriamètres de distance du lieu du
» domicile du vendeur au lieu où l'animal
» se trouve. »

Art. 5.

« Dans tous les cas, l'acheteur, à peine
» d'être non recevable, sera tenu de provoquer,
» dans les délais de l'art. 3, la nomination
» d'experts chargés de dresser procès-verbal;
» la requête sera présentée au juge de paix
» du lieu où se trouve l'animal. Ce juge
» nommera immédiatement, suivant l'exi-
» gence des cas, un ou trois experts qui
» devront opérer dans le plus bref délai. »

OBSERVATIONS.

On lit dans le *Journal de l'Aveyron*, du 18 novembre 1837, la liste des vétérinaires qui ont obtenu des
diplômes, elle porte : 1° Pour l'arrondissement d'Espalion, MM. *Julhe*, au Mur-de-Barrez; *Balut*, à Espalion, et *Puech*, à Grayssac.

2° Pour l'arrondissement de Millau, MM. *Laur* et
Roche (Paul), à Millau, et *Gibelin*, à S¹-Saturnin.

3° Pour l'arrondissement de Ste-Affrique, M. *Desmazes*.

4° Pour l'arrondissement de Rodez, MM. *Boudou, Crouzon* et *Roche* (Lubin), à Rodez, et *Besséles*, à Cadeyrac, commune de Salles-l.-Source.

5° Pour l'arrondissement de Villefranche, MM. *Mandagol*, à Montbazens ; *Pomaral*, à Rieupeyroux, et *Rigal*, à Villefranche.

Art. 6.

« La demande sera dispensée du préli-
» minaire de conciliation, et l'affaire sera
» instruite et jugée comme en matière som-
» maire (*a*). »

(*a*) Elle est dispensée du préliminaire de la conciliation, lorsqu'elle doit être portée devant les tribunaux civils de 1re instance, et dans ce cas, comme dans tous ceux qui requièrent célérité, on peut utiliser les dispositions de l'art. 72 du Code de procéd. civile, c'est-à-dire, faire présenter requête par le ministère d'avoué, et obtenir permission de M. le président du tribunal pour assigner à bref délai.

Art. 7.

« Si, pendant la durée des délais fixés par
» l'art. 3, l'animal vient à périr, le vendeur
» ne sera pas tenu de la garantie, à moins
» que l'acheteur ne prouve que la perte de
» l'animal provient de l'une des maladies
» spécifiées dans l'art. 1er. »

ART. 8 ET DERNIER.

« Le vendeur sera dispensé de la garantie
» résultant de la *morve* et du *farcin*, pour le
» cheval et le mulet, et de la *clavelée*, pour
» l'espèce ovine, s'il prouve que l'animal,
» depuis la livraison, a été mis en contact
» avec des animaux atteints de cette ma-
» ladie. »

LOI

DU VINGT-UN MAI 1836,

SUR LES CHEMINS VICINAUX.

SECTION PREMIÈRE. — *Chemins vicinaux.*

ART. Ier — Les chemins vicinaux, légalement reconnus, sont à la charge des communes, sauf les dispositions de l'article 7 ci-après. — ART. 2. En cas d'insuffisance des ressources ordinaires des communes, il sera pourvu à l'entretien des chemins vicinaux, à l'aide, soit de prestations en nature dont le maximum est fixé à trois journées de travail, soit de centimes spéciaux en addition au principal des quatre contributions directes, et dont le maximum est fixé à 5. — Le conseil municipal pourra voter l'une ou l'autre de ces ressources, ou toutes les deux concurremment. — Le concours des plus imposés ne sera pas nécessaire dans les délibérations prises pour l'exécution du présent article. — ART. 3. Tout habitant, chef de famille ou d'établissement, à titre de propriétaire, de régisseur, de fermier ou de colon partiaire, porté au rôle des contributions directes, pourra être appelé à fournir, chaque année, une prestation de trois jours. — 1° Pour sa personne et pour chaque individu mâle, valide, âgé de dix-huit ans au moins et de soixante ans au plus, membre ou serviteur de la famille et résidant dans la commune ; — 2° Pour chacune des charrettes ou voitures attelées, et, en outre, pour chacune des bêtes de somme, de trait, de selle, au service de la famille ou de l'établissement dans la commune. — ART. 4. La prestation sera appréciée en argent, conformément à la valeur qui aura été attribuée annuellement pour la commune à chaque espèce de journée par le conseil général ; sur les propositions des conseils d'arrondissement. — La prestation pourra être acquittée en nature ou en argent, au gré du contribuable. Toutes les fois que le contribuable n'aura pas opté dans les délais prescrits, la prestation sera de droit exigible en argent. — La prestation non rachetée en argent pourra être convertie en tâches, d'après les bases et évaluations des travaux préalablement fixées par le conseil municipal. — ART. 5. Si le conseil municipal, mis en demeure, n'a pas voté, dans la session désigné à cet effet, les prestations et centimes nécessaires, ou si la commune n'en a pas fait emploi dans les délais prescrits, le préfet pourra, d'office, soit imposer la commune dans les limites du maximum, soit faire exécuter les travaux. — Chaque année, le préfet communiquera au conseil-général l'état des impositions établies d'office en vertu du présent article. — ART. 6. Lorsqu'un chemin vicinal intéressera plusieurs communes, le préfet, sur l'avis des conseils municipaux, désignera les communes qui devront concourir à sa construction ou à son entretien, et y fixera la proportion dans laquelle chacune d'elles y contribuera.

SECTION 2. — *Chemins vicinaux de grande communication.*

ART. 7. Les chemins vicinaux peuvent, selon leur importance, être déclarés chemins vicinaux de grande communication par le conseil-général, sur l'avis des conseils municipaux, des conseils d'arrondissement et sur la proposition du préfet. — Sur les mêmes avis et propositions, le conseil-général détermine la direction de chaque chemin vicinal de grande communication, et désigne les communes qui doivent contribuer à sa construction ou à son entretien. —

Le préfet fixe la largeur et les limites du chemin, et détermine annuellement la proportion dans laquelle chaque commune doit concourir à l'entretien de la ligne vicinale dont elle dépend; il statue sur les offres faites par les particuliers, associations de particuliers ou de communes. -- Art. 8. Les chemins vicinaux de grande communication, et, dans les cas extraordinaires, les autres chemins vicinaux, pourront recevoir des subventions sur les fonds départementaux. --- Il sera pourvu à ces subventions au moyen des centimes facultatifs ordinaires du département et des centimes spéciaux votés annuellement par le conseil-général. --- La distribution des subventions sera faite, en ayant égard aux ressources, aux sacrifices et aux besoins des communes, par le préfet qui en rendra compte, chaque année, au conseil-général. -- Les communes acquitteront la portion des dépenses mises à leur charge, au moyen de leurs revenus ordinaires, et, en cas d'insuffisance, au moyen de deux journées de prestations sur les trois journées autorisées par l'article 2, et des deux tiers des centimes votés par le conseil municipal en vertu du même article. -- Art. 9. Les chemins vicinaux de grande communication sont placés sous l'autorité du préfet. -- Les dispositions des art. 4 et 5 de la présente loi leur sont applicables.

Dispositions générales.

Art. 10. Les chemins vicinaux, reconnus et maintenus comme tels, sont imprescriptibles. -- Art. 11. Le préfet pourra nommer des agens voyers. -- Leur traitement sera fixé par le conseil-général. -- Ce traitement sera prélevé sur les fonds affectés aux travaux. -- Les agens voyers prêteront serment; ils auront le droit de constater les contraventions et délits, et d'en dresser des procès-verbaux. -- Art. 12. Le maximum des centimes spéciaux qui pourront être votés par les conseils-généraux en vertu de la présente loi, sera déterminé annuellement par la loi des finances. -- Art. 13. Les propriétés de l'état, productives de revenus, contribueront aux dépenses des chemins vicinaux dans les mêmes proportions que les propriétés privées, et d'après un rôle spécial dressé par le préfet. -- Les propriétés de la couronne contribueront aux mêmes dépenses, conformément à l'article 13 de la loi du 2 Mars 1832. --- Art. 14. Toutes les fois qu'un chemin vicinal, entretenu à l'état de viabilité par une commune, sera habituellement ou temporairement dégradé par des exploitations de mines, de carrières, de forêts et de toute entreprise industrielle appartenant à des particuliers, à des établissemens publics, à la couronne ou à l'état, il pourra y avoir lieu à imposer aux entrepreneurs ou propriétaires, suivant que l'exploitation ou les transports auront eu lieu pour les uns ou les autres, des subventions spéciales, dont la quotité sera proportionnée à la dégradation extraordinaire qui devra être attribuée aux exploitations. --- Ces subventions pourront, aux choix des subventionnaires, être acquittées en argent ou en prestations en nature, et seront exclusivement affectées à ceux des chemins qui y auront donné lieu. -- Elles seront réglées annuellement sur la demande des communes, par les conseils de préfecture, après des expertises contradictoires, et recouvrées comme en matière de contributions directes. --- Les experts seront nommés suivant le mode déterminé par l'article 17 ci-après. --- Ces subventions pourront aussi être déterminées par abonnement : elles seront réglées, dans ce cas, par le préfet en conseil de préfecture. -- Art. 15. Les arrêtés du préfet portant reconnaissance et fixation de la largeur d'un chemin vicinal, attribuent définitivement au chemin le sol compris dans les limites qu'ils déterminent. --- Le droit des propriétaires riverains se résout en une indemnité qui sera réglée à l'amiable, ou par le juge de paix du canton, sur le rapport d'experts nommés conformément à l'article 17. — Art. 16. Les travaux d'ouverture et de redressement des chemins vicinaux seront autorisés par arrêté du préfet. — Lorsque, pour l'exécution du présent article, il y aura lieu de recourir à l'expropriation, le jury spécial chargé de régler les indemnités ne sera composé que de quatre jurés. — Le tribunal d'arrondissement, en prononçant l'expropriation, désignera pour présider et diriger le jury, l'un de ses membres ou le juge de paix du canton. Ce magistrat aura voix délibérative en cas de partage. — Le tribunal choisira sur la liste générale, prescrite par l'art. 29 de la loi du 7 juillet 1833, quatre personnes pour former le jury spécial et trois jurés supplémentaires. L'administration et la partie intéressée auront respectivement le droit d'exercer une récusation péremptoire. — Le juge recevra les acquiescemens des parties. — Son procès-verbal emportera translation définitive de propriété. — Le recours en cassation soit contre le jugement qui prononcera l'expropriation, soit contre la déclaration du jury qui réglera l'indemnité, n'aura lieu que dans les cas prévus et selon les formes déterminées par la loi du 7 juillet 1833. — Art. 17. Les extractions de matériaux, les dépôts ou enlèvemens de terres, les occupations temporaires de terrains seront autorisés par arrêté du préfet, lequel désignera les lieux; cet arrêté sera notifié aux parties intéressées, au moins dix jours avant que son exécution puisse être commencée. — Si l'indemnité ne peut être fixée à l'amiable, elle sera réglée par le conseil de préfecture, sur le rapport d'experts nommés, l'un par le sous-préfet, et l'autre par le propriétaire. — En cas de discord, le tiers-expert sera nommé par le conseil de préfecture. — Art. 18. L'action en indemnité des propriétaires pour les terrains qui auront servi à la confection des chemins vicinaux et pour extraction de matériaux, sera prescrite par le laps de deux ans. — Art. 19. En cas de changemens de direction, ou d'abandon d'un chemin vicinal en tout ou en partie, les propriétaires riverains de la partie de ce chemin qui cessera de servir de voie de communication, pourront faire leur soumission de s'en rendre acquéreurs, et d'en payer la valeur qui sera fixée par des experts nommés dans la forme déterminée par l'art. 17. — Art. 20. Les plans, procès-verbaux, certificats, significations, jugemens, contrats, marchés, adjudications de travaux, quittances et autres actes ayant pour objet exclusif la construction, l'entretien et la réparation des chemins vicinaux, seront enregistrés moyennant droit fixe de 1 franc. — Les actions civiles intentées par les communes ou dirigées contre elles, relativement à leurs chemins, seront jugées comme affaires sommaires et urgentes, conformément à l'art. 405 du Code de procédure civile. — Art. 21. Dans l'année qui suivra la promulgation de la présente loi, chaque préfet fera, pour en assurer l'exécution, un règlement qui sera communiqué au conseil-général et transmis avec ses observations au ministre de l'intérieur, pour être approuvé, s'il y a lieu. — Ce règlement fixera dans chaque département le maximum de la largeur des chemins vicinaux; il fixera en outre les délais nécessaires à l'exécution de chaque mesure, les époques auxquelles les prestations en nature devront être faites, le mode de leur emploi ou de leur conversion en tâches, et statuera en même temps sur tout ce qui est relatif à la confection des rôles, à la comptabilité, aux adjudications et à leur forme, aux alignemens, aux autorisations de construire le long des chemins, à l'écoulement des eaux, aux plantations, à l'élagage, aux fossés, à leur curage et à tous autres détails de surveillance et de conservation. — Art. 22. Toutes dispositions des lois antérieures demeurent abrogées en ce qu'elles auraient de contraire à la présente loi. *(Du 21 Mai 1836.)*

LOI

DU QUATRE JUILLET 1838,

SUR LES POIDS ET MESURES,

Exécutoire en France à dater du 1er Janvier 1840.

OBSERVATIONS GÉNÉRALES ET HISTORIQUES.

C'est à Caïn qu'on attribue ordinairement l'invention des mesures, sur l'opinion qu'il était avare et avide du gain.

Cette opinion paraît des plus erronnées, car il est positif que les mesures sont aussi utiles au vendeur qu'à l'acheteur et qu'aux divers échangistes.

On dit que c'est Pythagore qui les introduisit le premier dans la Grèce.

Justinien, par sa novelle 128, prescrivit la réforme des mesures. Il ordonna que les étalons seraient, dans chaque localité, gardés dans la principale église. Le choix d'un lieu saint pour le dépôt des mesures-matrices, prouve assez l'importance que cet empereur attachait à leur conservation et à l'établissement du système d'unité qu'il avait voulu introduire en cette partie, système dont le commerce, les sciences et les arts ont toujours réclamé le bienfait.

En France, sous les rois de la première race, l'uniformité *des poids et mesures* était observée; mais les mesures commencèrent à s'altérer vers la fin du règne de Charlemagne, et Philippe-le-Long éprouva la plus grande résistance de la part de la noblesse et des villes lorsqu'il voulut faire cesser la diversité des poids et mesures. Les historiens prétendent cependant qu'il serait parvenu à exécuter son projet, si une mort prématurée, ne l'eût enlevé à ses peuples.

Par une loi du 8 mai 1790, l'assemblée nationale décréta que Sa Majesté serait suppliée de donner des ordres aux corps administratifs de chaque département, pour qu'ils envoyassent à Paris, au secrétariat de l'academie des sciences, un modèle parfaitement exact des différents poids et des mesures élémentaires qui y étaient en usage.

Par la loi du 1er août 1793, la convention nationale décréta : « Que le nouveau système des poids et mesures, » fondé sur la mesure du méridien de la terre et la » division décimale, servirait uniformément dans toute » la France. »

La loi du dix-huit germinal an III, porte : art. 5 : « La » nomenclature des nouvelles mesures est défiinitive- » ment adoptée comme il suit :

« On appellera :

« *Mètre*, la mesure de la longueur égale à la dix mil- » lionième partie de l'are du méridien terrestre, com- » pris entre le pôle boréal et l'équateur. »

« *Are*, la mesure de superficie pour les terrains, égale » à un quarré de dix mètres de côté. »

« *Stère*, la mesure destinée particulièrement au bois » de chauffage, et qui sera égale au mètre cube. »

« *Litre*, la mesure de capacité, tant pour les liquides » que pour les matières sèches, dont la contenance sera » celle du cube de la dixième partie du mètre. »

« *Gramme*, le poids absolu d'un volume d'eau pure, » égal au cube de la centième partie du mètre et à la » température de la glace fondante. Enfin, l'unité des » monnaies prendra le nom de franc, pour remplacer » celui de livre, usité aujourd'hui.

ART. 6 « La dixième partie du mètre se nommera *décimètre*, et la centième partie, *centimètre*. »

« On appellera *décamètre*, une mesure égale à dix
» mètres; ce qui fournit une mesure très-commode pour
» l'arpentage. »

« *Hectomètre*, signifiera la longueur de cent mètres.

« Enfin, *kilomètre* et *miriamètre* seront des longueurs
» de mille et de dix mille mètres, et désigneront prin-
» cipalement les distances itinéraires. »

» Art. 7. Les dénominations des mesures des autres
» genres seront déterminées d'après les mêmes principes
» que celles de l'article précédent.

» Ainsi, *décilitre* sera une mesure de capacité dix
» fois plus petite que le litre; *centigramme* sera la
» centième partie du poids d'un *gramme*.

» On dira de même, *décalitre*, pour désigner une me-
» sure contenant *dix litres*; *hectolitre*, pour une mesure
» égale à cent litres; un *kilogramme* sera un poids de
» mille grammes.

» On composera d'une manière analogue les noms de
» toutes les autres mesures.

» Cependant, lorsqu'on voudra exprimer les dixiè-
» mes et les centièmes du franc, unité des monnaies,
» on se servira des mots *décime* et *centime* déjà reçus
» en vertu des décrets antérieurs. »

Art. 8. « Dans les poids et mesures de capacité, cha-
» cune des mesures décimales de ces deux genres aura
» son double et sa moitié, afin de donner à la vente des
» divers objets toute la commodité que l'on peut dé-
» sirer; il y aura donc le *double-litre* et le *demi-litre*,
» le *double-hectogramme* et le *demi-hectogramme*. »

Par la loi du 19 frimaire an VIII, on fixa définitivement
la longueur du mètre, dans son rapport avec les anciennes mesures, à 3 pieds 11 lignes 296 millièmes,
et il fut décrété qu'il serait frappé une médaille pour
transmettre à la postérité l'époque à laquelle le système métrique avait été porté à sa perfection, et l'opé-
ration qui lui servait de base. L'inscription, du côté

principal de la médaille, devait être : *A TOUS LES TEMPS, A TOUS LES PEUPLES;* et dans l'exergue, *RÉPUBLIQUE FRANÇAISE,* AN VIII.

Le nouveau système des poids et mesures n'était point encore généralement obligatoire; le département de la Seine et quelques autres, en petit nombre, jouissaient seuls d'une partie de cette utile institution ; mais la loi du 13 brumaire an IX, vint l'étendre à toutes les parties de la France.

Voici l'art. 1er de cette loi :

« Conformément à la loi du 1er vendémiaire an IV, le » système décimal des poids et mesures sera définitive- » ment mis à exécution, pour toute la France, à compter » du 1er vendémiaire an X. »

Un décret, du 12 février 1812, et un arrêté du ministre de l'intérieur, du 28 mars suivant, autorisèrent les marchands, négocians et autres à se servir des dénominations anciennes de toises, pieds, aune, livre, once, gros, sous la condition que ces mesures seraient mises en rapport avec les nouvelles, que, par exemple, la toise serait une mesure de deux mètres, etc, etc, etc.

C'était là le dernier état de la législation sur les poids et mesures, lorsque la loi du 4 juillet 1837, dont nous allons rapporter les dispositions les plus importantes, a été promulguée.

« ART. 1er. Le décret du 12 février 1812, concernant » les poids et mesures, est et demeure abrogé.

» ART. 3. A partir du 1er janvier 1840, tous poids et » mesures, autres que les poids et mesures établis par » les lois des 18 germinal an III et 19 frimaire an VIII, » constitutives du système métrique décimal, seront » interdits sous les peines portées par l'article 479 du » Code pénal.

» ART. 5. A compter de la même époque, toutes les » dénominations de poids et mesures, autres que celles » portées dans le tableau annexé à la présente loi et

» établies par la loi du 18 germinal an iii (1), sont inter-
» dites dans les actes publics, ainsi que dans les affi-
» ches et les annonces;

» Elles seront également interdites dans les actes
» sous seing-privé, les registres de commerce et autres
» écritures privées produites en justice.

» Les officiers publics contrevenans seront passibles
» d'une amende de vingt francs, qui sera recouvrée sur
» contrainte, comme en matière d'enregistrement.

» L'amende sera de dix francs pour les autres con-
» trevenans; elle sera perçue par chaque acte ou écri-
» ture sous signature privée; quant aux registres de
» commerce, ils ne donneront lieu qu'à une seule
» amende pour chaque contestation dans laquelle ils
» seront produits.

» Art. 6. Il est défendu aux juges et arbitres de
» rendre aucun jugement, ou aucune décision en faveur
» des particuliers sur des actes, registres ou écrits dans
» lesquels les dénominations interdites par l'article pré-
» cédent auraient été insérées, avant que les amendes
» encourues aux termes dudit article aient été payées. »

Tableau (N° 1.)

Chacun est intéressé à éviter les amendes prononcées
par la loi du 4 juillet 1837. En conséquence, pour
prévenir ces mêmes amendes et les éviter, nous allons
fournir des tableaux comparatifs, que nous avons for-
més sur ceux qui furent faits en l'an vi, par la commission des poids et mesures du département de l'Aveyron,
composée des citoyens *Nogaret*, membre de l'administration centrale, *Cevet*, ingénieur en chef, *Brun*,
ingénieur ordinaire, et *Tédenat*, membre de l'institut
national, professeur de mathématiques à l'école centrale; et en l'an x, par ledit citoyen Tédenat, et ap-
prouvés par les citoyens Dutriac et Boissonade, membres composant alors la même commission des poids
et mesures.

---

(1) Nous en avons transcrit plus haut les principales dispositions.

(N° 1) TABLEAU DES MESURES LÉGALES.

(Loi du 18 germinal an III.)

NOMS SYSTÉMATIQUES.	VALEUR.	NOMS SYSTÉMATIQUES.	VALEUR.	NOMS SYSTÉMATIQUES.	VALEUR.
MESURES DE LONGUEUR.		**MESURES DE CAPACITÉ POUR LES LIQUIDES ET LES MATIÈRES SÈCHES.**		Kilogramme. .	Mille grammes.
Myriamètre. .	Dix mille mètres.				*Poids dans le vide d'un décimètre cube d'eau distillée à la température de quatre degrés centigrades*
Kilomètre. . .	Mille mètres.	Kilolitre. . .	Mille litres.		
Hectomètre. . .	Cent mètres.	Hectolitre. . .	Cent litres.		
Décamètre. . .	Dix mètres.	Décalitre. . .	Dix litres.	Hectogramme.	Cent grammes.
MÈTRE. . . .	Unité fondamentale des poids et mesures.	LITRE. . . .	Décimètre cube.	Décagramme. .	Dix grammes.
	(Dix millionième partie du quart du méridien terrestre.)	Décilitre. . .	Dixième du litre.	GRAMME. . . .	Poids d'un centimètre cube d'eau à quatre degrés centigrades.
		MESURES DE SOLIDITÉ			
Décimètre. . .	Dixième du mètre.	Décastère. . .	Dix stères.		
Centimètre. . .	Centième du mètre.	STÈRE. . . .	Mètre cube.	Décigramme. .	Dixième du gramme.
Millimètre. . .	Millième du mètre.	Décistère. . .	Dixième du stère.	Centigramme.	Centième du gramme.
		POIDS.		Milligramme. .	Millième du gramme.
MESURES AGRAIRES.					**MONNAIE.**
Hectare. . . .	Cent ares ou dix mille mètres carrés.	. . . .	Mille kilogr., poids du mètre cube d'eau et du tonneau de mer.		
ARE.	Cent mètres carrés, carré de dix mètres de côté.	. . . .	Cent kilogrammes, quintal métrique.	FRANC. . . .	Cinq grammes d'argent au titre de neuf dixièmes de fin.
Centiare. . .	Centième de l'are, ou mètre carré.			Décime. . . .	Dixième du franc.
				Centime. . . .	Centième du franc.

Conformément à la disposition de la loi du 18 germinal an III, concernant les Poids et les Mesures de capacité, chacune des mesures décimales de ces deux genres a son double et sa moitié.

(N°   ) MESURES DE LONGUEUR.

ARRONDISSEMENS de	CHEF-LIEU de CANTON.	NOMS des ANCIENNES MESURES.				LEURS valeurs en MÈTRES.	
			pi.	po.	lig.	mèt.	mill.
RODEZ.	Bozouls.		6	1	4	1,	985.
	Cassagnes-Begonhez.		6	1	4	1,	985.
	Conques.		6	2	»	2,	003.
	Marcillac.		6	1	4	1,	985.
	Naucelle.		6	2	»	2,	003.
	Réquista-la-Selve.		6	2	»	2,	003.
	Rignac.		6	2	»	2,	003.
	Rodez.		6	1	4	1,	985.
	Pont-de-Salars.		6	1	4	1,	985.
	La Salvetat.		6	1	4	1,	985.
	Sauveterre.		6	2	8	2,	021.
ESPALION.	St-Amans.	LA CANNE a 8 pans, et se compose de	6	2	»	2,	003.
	St-Chely.		6	2	»	2,	003.
	Entraygues.		6	2	»	2,	003.
	Espalion.		6	2	»	2,	003.
	Estaing.		6	2	»	2,	003.
	Ste-Geneviève.		6	2	»	2,	003.
	St-Geniez.		6	2	»	2,	003.
	Laguiole.		6	2	»	2,	003.
	Mur-de-Barrez (*).		6	6	»	2,	111.
MILLAU.	St-Bauzely.		6	1	6	1,	990.
	Campagnac.		6	2	»	2,	003.
	Laissac.		6	2	»	2,	003.
	Millau.		6	1	6	1,	990.
	Nant.		6	1	6	1,	990.
	Peyreleau.		6	1	6	1,	990.
	Salles-Curan.		6	2	»	2,	003.
	Sévérac-le-Château.		6	2	»	2,	003.
	Vezins.		6	1	6	1,	990.

(*) Au Mur de-Barrez seulement, on se sert de la dénomination *Toise*.

(N° 2.) MESURES DE LONGUEUR.

ARRONDISSEMENS de	CHEF-LIEU de CANTON.	NOMS des ANCIENNES MESURES.		pi.	po.	lig	mèt.	mill.
St-AFFRIQUE. VILLEFRANCHE.	St-Affrique.			6	2	»	2,	003.
	Belmont.			6	2	»	2,	003.
	Camarès.			6	1	6	1,	990.
	Cornus.			6	1	6	1,	990.
	St-Rome-de-Tarn.			6	2	»	2,	003.
	St-Sernin.	La Canne a 8 pans, et se compose de.		6	2	»	2,	003.
	Asprières.			6	1	6	1,	990.
	Aubin.			6	2	»	2,	003.
	Montbazens.			6	2	»	2,	003.
	Najac.			6	1	7	1,	992.
	Rieupeyroux.			6	2	»	2,	003.
	Villefranche.			6	2	»	2,	003.
	Villeneuve.			6	2	»	2,	003.

OBSERVATIONS
Sur les mesures de longueur.

Quand on connaît la longueur d'une canne, évaluée en mètre et fractions de mètre, il est facile de réduire en mètres tel nombre de cannes qu'on voudra ; par exemple, 25 cannes et 3 quarts. On commencera par réduire les trois quarts de canne en fraction décimale, ce qui donnera 75 centièmes de canne : on écrira 25,75. On multipliera la longueur de la canne réduite en mètres par 25,75 ; et le produit donnera la longueur des 25 cannes et trois quarts.

Ainsi, pour la canne, mesure de Rodez, on multipliera 1,984 par 25,75 : le produit sera 51 mètres, 088 ; c'est-à-dire que 25 cannes et 3 quarts, mesure de Rodez, font 51 mètres et 88 millimètres.

(N° 3.) MESURES AGRAIRES.

ARRONDISSEMENS de	CHEF-LIEU de CANTON.	NOMS des ANCIENNES MESURES.	LEURS valeurs en ARES.	
			Cannes carrées.	Ares.
RODEZ.	Bozouls.		640	25, 22073.
	Cassagnes-Begonhez.		640	25, 22073.
	Conques.		640	25, 22073.
	Marcillac.		640	25, 22073.
	Naucelle.		640	25, 68137.
	Réquista-la-Selve.		640	25, 68137.
	Rignac.		640	25, 68137.
	Rodez.		640	25, 22073.
	Pont-de-Salars.		640	25, 22073.
	La Salvetat.		640	25, 22073.
	Sauveterre.		640	26, 14618.
	St-Amans.		640	25, 68137.
ESPALION.	St-Chely.		800	32, 10172.
	Entraygues.	La SETERÉE vaut	640	25, 68137.
	Espalion.		800	32, 10172.
	Estaing.		800	32, 10172.
	Ste-Geneviève.		800	32, 10172.
	St-Geniez.		800	32, 10172.
	Laguiole.		800	32, 10172.
	Mur-de-Barrez.		460	28, 03774.
MILLAU.	St-Bauzely.		640	25, 33550.
	Campagnac.		640	25, 68137.
	Laissac.		640	25, 68137.
	Millau.		640	25, 33530.
	Nant.		505	19, 99129.
	Peyreleau.		640	25, 33550.
	Salles-Curan.		640	25, 68137.
	Sévérac-le-Château.		640	25, 68137.
	Vezins.		640	25, 33501.

(N° 3·) MESURES AGRAIRES.

ARRONDISSEMENS de	CHEF-LIEU de CANTON.	NOMS des ANCIENNES MESURES.		LEURS valeurs en ARES.
			Cannes carrées.	Ares.
St-AFFRIQUE. VILLEFRANCHE.	St-Affrique.		900	36, 11443.
	Belmont.		900	36, 11443.
	Camarès.		900	36, 11443.
	Cornus.		900	35, 62805.
	St-Rome-de-Tarn.		672	26, 96544.
	St-Sernin.	La SETERÉE vaut	1280	51, 36274.
	Asprières.		1280	50, 67100.
	Aubin.		720	28, 89154.
	Montbazens.		640	25, 68137.
	Najac.		1280	50, 78597.
	Rieupeyroux.		640	25, 68137.
	Villefranche.		1024	41, 09019.
	Villeneuve.		1024	41, 09019.

OBSERVATIONS
Sur les mesures agraires.

Si l'on avait à évaluer un nombre de seterées, mesure de Rodez, en ares et fractions d'ares, on multiplierait le nombre 25,22073 par le nombre de seterées.

Par exemple, je suppose qu'il soit question de réduire en ares 17 seterées et 3 quartes, mesure de Rodez; on multipliera 25,22073 par 17, et l'on aura pour produit 428 ares et 752 milliares, en négligeant les quantités moindres que les milliares. Pour 3 quartes on prendra la moitié et le quart de 25,22073, et l'on ajoutera les deux derniers nombres au premier, et l'on aura 447,667; c'est-à-dire, que 17 seterées 3 quartes, mesure de Rodez, égalent 447 ares et 667 milliares.

(N° 4.) MESURES DE CAPACITÉ.

ARRONDISSEMENS de	CHEF-LIEU de CANTON.	NOMS des ANCIENNES MESURES.	LEURS valeurs en DÉCALITRES.
			Décal.
RODEZ.	Bozouls.		1, 6017.
	Cassagnes-Begonhez.		1, 6017.
	Conques.		1, 8113.
	Marcillac.		1, 6017.
	Naucelle.		1, 7252.
	Réquista-la-Selve.		2, 2028.
	Rignac.		1, 8113.
	Rodez.		1, 6107.
	Pont-de-Salars.		1, 7252.
	La Salvetat.		1, 7490.
	Sauveterre.		1, 7471.
ESPALION.	Sᵗ-Amans.		1, 4138.
	Sᵗ-Chely.		1, 5315.
	Entraygues.		1, 6646.
	Espalion.	La Quarte.	1, 5331.
	Estaing.		1, 5331.
	Sᵗᵉ-Geneviève.		1, 4138.
	Sᵗ-Geniez.		1, 6858.
	Laguiole.		1, 4138.
	Mur-de-Barrez.		1, 6865.
MILLAU.	Sᵗ-Bauzely.		1, 5237.
	Campagnac.		1, 6858.
	Laissac.		1, 6712.
	Millau.		1, 5539.
	Nant.		1, 4871.
	Peyreleau.		1, 5530.
	Salles-Curan.		1, 7238.
	Sévérac-le-Château.		1, 6409.
	Vezins.		1, 5530.

(N° 4.) MESURES DE CAPACITÉ.

ARRONDISSEMENS de	CHEF-LIEU de CANTON.	NOMS des ANCIENNES MESURES.	LFURS valeurs en DECALITRES.
St-AFFRIQUE. VILLEFRANCHE.			Décal.
	St-Affrique.		2, 0301.
	Belmont.		1, 6840,
	Camarès.		1, 8007.
	Cornus.		1, 4504.
	St-Rome-de-Tarn.		1, 7976.
	St-Sernin.		2, 0777.
	Asprières.	La Quarte.	1, 9202.
	Aubin.		1, 7105.
	Montbazens.		1, 7105.
	Najac.		2, 2563.
	Rieupeyroux.		1, 6107.
	Villefranche.		2, 4028.
	Villeneuve.		2, 1629.

OBSERVATIONS

Sur les mesures de capacité.

Quand on a l'évaluation de la quarte ou quarton en décalitres et fractions de décalitres il est bien aisé d'avoir celle du setier, par une simple multiplication, une fois qu'on connaît de combien de quartes ou quartons se compose le setier.

On aura aussi, celle du boisseau, ou de telle autre mesure moindre que la quarte, en divisant l'évaluation de la quarte par le nombre qui marque combien de fois la mesure qu'on cherche est contenue dans la quarte.

(N° 5.) MESURES POUR LES LIQUIDES.

ARRONDISSEMENS de	CHEF-LIEU de CANTON.	NOMS des ANCIENNES MESURES.	LEURS valeurs en LITRES.
			Litres.
RODEZ.	Bozouls.	Pauque.	0, 4079.
	Cassagnes-Begonhez.	*Idem*.	0, 4079.
	Conques.	*Id.*	0, 5595.
	Marcillac.	*Id.*	0, 6119.
	Naucelle.	*Id.*	0, 7139.
	Réquista-la-Selve.	Bouteille.	1, 2238.
	Rignac.	Pauque.	0, 6018.
	Rodez.	*Id.*	0, 4079.
	Pont-de-Salars.	*Id.*	0, 4079.
	La Salvetat.	»	» »
ESPALION.	Sauveterre.	Pauque.	0, 5099.
	St-Amans.	*Id.*	0, 6166.
	St-Chely.	Pinte.	2, 9849.
	Entraygues.	Pauque.	0, 6166.
	Espalion.	Pinte.	2, 9849.
	Estaing.	*Id.*	2, 9849.
	Ste-Geneviève.	Pauque.	0, 7649.
	St-Geniez.	*Id.*	0, 6119.
	Laguiole.	*Id.*	0, 6119.
	Mur-de-Barrez.	*Id.*	0, 5609.
MILLAU.	St-Bauzely.	Pinte.	1, 1218.
	Campagnac.	Pauque.	1, 2238.
	Laissac.	*Id.*	1, 2237.
	Millau.	Canon.	1, 1218.
	Nant.	Feuillette.	0, 5609.
	Peyreleau.	Canon.	» »
	Salles-Curan.	Pauque.	0, 5275.
	Sévérac-le-Château.	Feuillette.	0, 8668.
	Vezins.	*Id.*	0, 8668.

(N° 5.) MESURES POUR LES LIQUIDES.

ARRONDISSEMENS de	CHEF-LIEU de CANTON.	NOMS des ANCIENNES MESURES.	LEURS valeurs en LITRES.
			Litres.
S¹-AFFRIQUE. VILLEFRANCHE.	St-Affrique.	Feuillette.	0, 7139.
	Belmont.	Id.	0, 8158.
	Camarès.	Id.	0, 5099.
	Cornus.	Id.	0, 9265.
	St-Rome-de-Tarn.	Id.	0, 5099.
	St-Sernin.	Id.	0, 5845.
	Asprières.	Pauque.	0, 9178.
	Aubin.	Canon.	0, 7617.
	Montbazens.	Pauque.	0, 9786.
	Najac.	Id.	0, 8158.
	Rieupeyroux.	Id.	0, 5099.
	Villefranche.	Id.	0, 6636.
	Villeneuve.	Id.	» »

OBSERVATIONS

Sur le tableau des mesures pour les liquides.

On a choisi les plus petites mesures de détail, telles que la *pauque*, la *feuillette*, etc., etc., parce que celles-ci, une fois connues, on trouvera aisement la contenance des plus grandes, telles que la pipe, la charretée, la barrique, si l'on sait combien de pauques contient la pipe, etc., etc.

Par exemple, à Rodez, la barrique contient 480 pauques. Or, la pauque, mesure de Rodez, évaluée en litres, est de 0 lit. 420 (4 dixièmes et 2 centièmes de litre), ce qui ne fait pas tout à fait un demi litre; donc la barrique contiendra 0 lit. 420, multiplié par 480, c'est-à-dire, 201 litres et 6 décilitres, ou 2 hectolitres 1 litre et 6 décilitres.

(N° 6.) MESURES DE SOLIDITÉ.

MESURES POUR LE BOIS DE CHAUFFAGE.	OBSEVATIONS.
STÈRE.	Quantité égale au mètre cube. Un solide qui a un mètre de longueur, un mètre de largeur, et un mètre de hauteur, s'appelle *mètre cube*, appliquée au mesurage du bois de chauffage, cette mesure prend le nom de stère, qui veut dire *solide*. En donnant un mètre de longueur aux bûches, il ne faut, pour obtenir le stère, que les ranger dans une membrure ou chassis carré, d'un mètre de côté. Les chemins montagneux et généralement mauvais des campagnes du département, ont empêché qu'on y assignât une mesure fixe aux voitures qui approvisionnent les villes, du bois de chauffage. Dans tous les marchés, le bois, qui d'ailleurs est de toutes natures mélangées, s'achette et s'estime au vu des voitures.

(N° 7.) MESURES POUR LES POIDS.

| POIDS DE MARC | | POIDS DE TABLE | |
| RÉDUIT EN KILOGRAMMES. | | RÉDUIT EN KILOGRAMMES. | |
LIVRE ANCIENNE.	KILOGRAMMES.	LIVRE ANCIENNE.	KILOGRAMMES.
1	0, 48951. (1)	1	0, 40792. (2)
2	0, 97901.	2	0, 81584.
3	1, 46852.	3	1, 22376.
4	1, 95802.	4	1, 63169.
5	2, 44753.	5	2, 03961.
6	2, 93703.	6	2, 44753.
7	3, 42654.	7	2, 85545.
8	3, 91605.	8	3, 26337.
9	4, 40555.	9	3, 67129.

MONNAIES.

NOMS ET DIVISIONS DES ANCIENNES MONNAIES.	VALEUR EN FRANCS.	FRANC EN ANCIENNE MONNAIE.
Livre = 20 sous =	0, 98765.	Le franc est égal à
Sou = 4 liards =	0, 00404.	une ancienne livre
Liard = 3 deniers =	0, 00123.	trois deniers.
denier =	0, 00041.	1 fr. = 1 liv. 3 den.

(1) Ainsi, une livre ancien poids de marc égale 489 grammes et 51 centigrammes.
(2) Ainsi, une livre ancien poids de table égale 407 grammes 92 centigrammes.

ÉTAT des époques d'établissement des 10me et 20me de et Créances susceptibles desdites déductions, à an IX.

NATURE et QUOTITÉ DES RETENUES.	LOIS qui LES ÉTABLISSENT.	LEUR COMMENCEMENT.
3/20es et 2 s. p. l. d'iceux.	Édit de f^{er} 1760.	1er octobre 1759.
10e et 2 s. p. liv. d'icelui.	1er janv. 1764.	1er janvier 1764.
3/20es et 2 s. p. l. du 10e seulement.	16 juil. 1782.	1er janvier 1783 .
10e et 2 s. p. l. d'icelui.	Septemb. 1787.	1er janvier 1787.
LE CINQUIÈME.	10 juin, 1791.	1er janvier 1791.
LE QUART.	2 août 1792 et 3 août 1793.	1er janvier 1792.
LE CINQUIÈME.	23 nivôse an III.	1er janvier 1794.
LE DIXIÈME.	19 ventô^e an III.	1er vend^{re} an III, ou 22 sept. 1794.
LE CINQUIÈME.	15 pluv^e an IV.	1er vend^{re} an V.
LE QUART.	27 brum^e an VIII.	1er vend^{re} an VIII.
LE CINQUIÈME a été rétabli pour toutes les années postérieures.		

la quotité des déductions sur les Rentes, Pensions compter du 1ᵉʳ octobre 1756 jusqu'au 1ᵉʳ vendémiaire

(Nº 8.)

LEUR TERME.	LEUR DURÉE.	OBSERVATIONS.
31 déc. 1763.	4 ans 3 mois.	
31 déc. 1782.	19 ans.	
31 déc. 1786.	4 ans.	
31 déc. 1790.	4 ans.	
31 déc. 1791.	1 an.	Déduire le cinquième sur les rentes et pensions dont le capital est connu, le dixième sur les rentes et pensions dont le capital n'est pas connu.
31 déc. 1793.	2 ans.	Déduire le quart pour les rentes et pensions dont le capital est connu, et le huitième lorsqu'il ne l'est pas.
22 sept. 1794, ou 1ᵉʳ vendémᵣₑ an III.	8 mois 21 jours	Déduire le cinquième sur les rentes et pensions dont le capital est connu, le dixième sur les rentes et pensions dont le capital n'est pas connu.
1ᵉʳ vendʳᵉ an V ou 22 septembre 1796.	2 ans.	Déduire le dixième pour les intérêts et rentes perpétuelles, et le vingtième pour les pensions et rentes viagères.
Dernier jour de l'an VII.	3 ans.	Déduire le cinquième pour les intérêts des rentes perpétuelles, et le dixième pour les pensions et rentes viagères.
Dernier jour de l'an VIII.	1 an.	

Nota. Les créances commerciales n'étaient point assujetties à la déduc-tion.

I

(N° 9.)

TABLEAU

DU COURS DES ASSIGNATS, DANS LE DÉPARTEMENT DE L'AVEYRON,

Depuis le 1er Janvier 1791 jusqu'au 1er Floréal an IV, arrêté en exécution de la loi du 5 Messidor, par l'administration Centrale, le 26 Thermidor an IV.

VALEUR DE CENT LIVRES D'ASSIGNATS EN NUMÉRAIRE.

1791.
Janvier, 99 f. p. 100 f. Assig
Février, 99.
Mars, 98.
Avril, 98.
Mai, 97.
Juin, 96.
Juillet, 95.
Août, 93.
Septem., 92.
Octobre, 92.
Novem., 91.
Décem., 90.

1792.
Janvier, 85.
Février, 82.
Mars, 80.
Avril, 78.
Mai, 77.
Juin, 77.
Juillet, 77.
Août, 77.
Septem., 76.
Octobre, 76.
Novem., 75.
Décem., 75.

1793.
Janvier, 70.
Février, 67.
Mars, 64.
Avril, 62.
Mai, 60.
Juin, 55.
Juillet, 50.
Août, 45.
Septem., 40.
Octobre, 45.
Novem., 50.
Décem., 55.

1794.
Janvier, 55.
Février, 55.
Mars, 55,
Avril, 50.
Mai, 48.

Juin, 48 f. p. 100 f. Ass.
Juillet, 48.
Août, 45.
Septem., 40.
Octobre, 40.
Novem., 35.
Décem., 52.

1795.
Janvier, 27.
Février, 22.
20 pr. jours de Mars, 20.

Germinal an III.
1re décade 13 l. 6 s. 8 d.
2me décade 12 19 6
3me décade 12 19 8

Floréal.
1re décade 12 » »
2me décade 12 » »
3me décade 10 8 8

Prairial.
1re décade 8 » »
2me décade 6 17 2
3me décade 5 6 8

Messsidor.
1re décade 4 » »
2me décade 5 8 7
3me décade 3 4 »

Thermidor.
1re décade 3 1 11
2me décade 3 » »
3me décade 3 » »

Fructidor.
1re décade 2 18 »
2me décade 2 16 6
3me décade 2 13 4
6 jours cempl. 2 13 6

Vend. an IV, 23 Sept. 1795.
1re décade 2 10 6
2me décade 2 9 5
3me décade 2 8 »

Brumaire.
1re décade 2 » »
2me décade 1 14 3
3me décade 1 12 »

pour 100 f. Assignats.

Frimaire.
1re décade 1 4 »
2me décade » 19 2
3me décade » 16 »

Nivôse.
1re décade » 13 9
2me décade » 12 »
3me décade » 10 2

Pluviôse.
1re décade » 9 7
2me décade » 9 7
3me décade » 9 7

Ventôse.
1re décade » 9 8
2me décade » 9 3
3me décade » 9 1

Germinal.
1re décade » 8 11
2me décade » » 7
3me décade » 8 »

COURS DES MANDATS,

DEPUIS LE 1er GERMINAL AN IV, JUSQU'AU 10 THERMIDOR SUIVANT.

Valeur de 100 f. Mand., en numéraire.

Germinal an IV.
1re décade 50 f. n. p. 100 f. m.
2me décade 48.
3me décade 45.

Floréal.
1re décade 40.
2me décade 35.
3me décade 30.

Prairial.
1re décade 25.
2me décade 20.
3me décade 15.

Messidor.
1re décade 12.
2me décade 11.
3me décace 10.

Thermidor.
1re décade 7.

Nota. Comment sont payés les engagemens stipulés en livres? — En francs, sans réduction, si la stipulation est postérieure à la loi du 1er. vendémiaire an VIII. — En francs, sauf réduction d'un sur 80, si la stipulation est antérieure. (*V. Sirey*, tom. 10, 2e. partie, p. 395.)

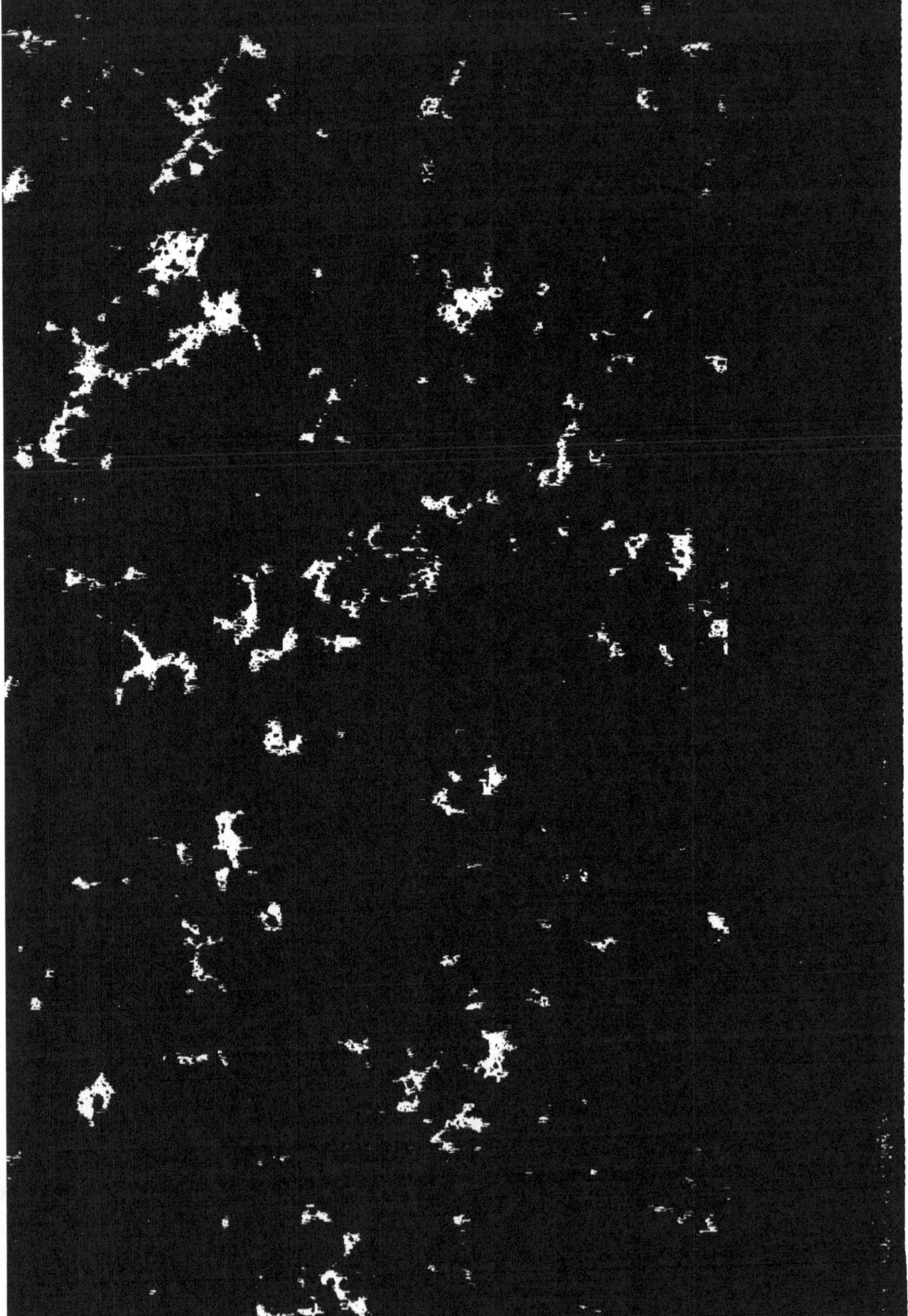